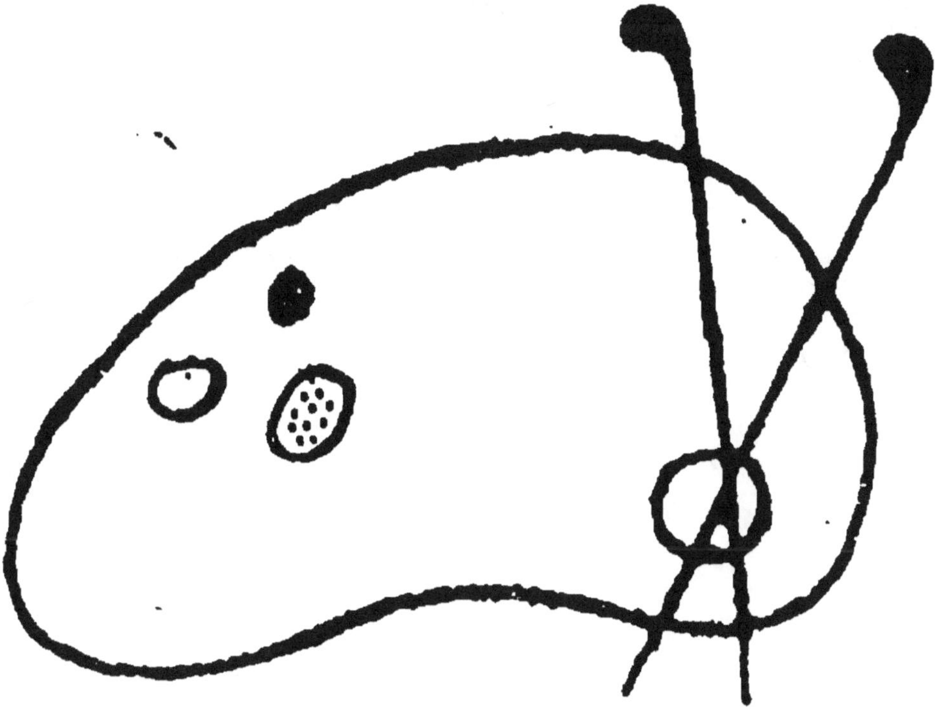

Début d'une série de documents
en couleur

Les anciennes
Civilisations Slaves

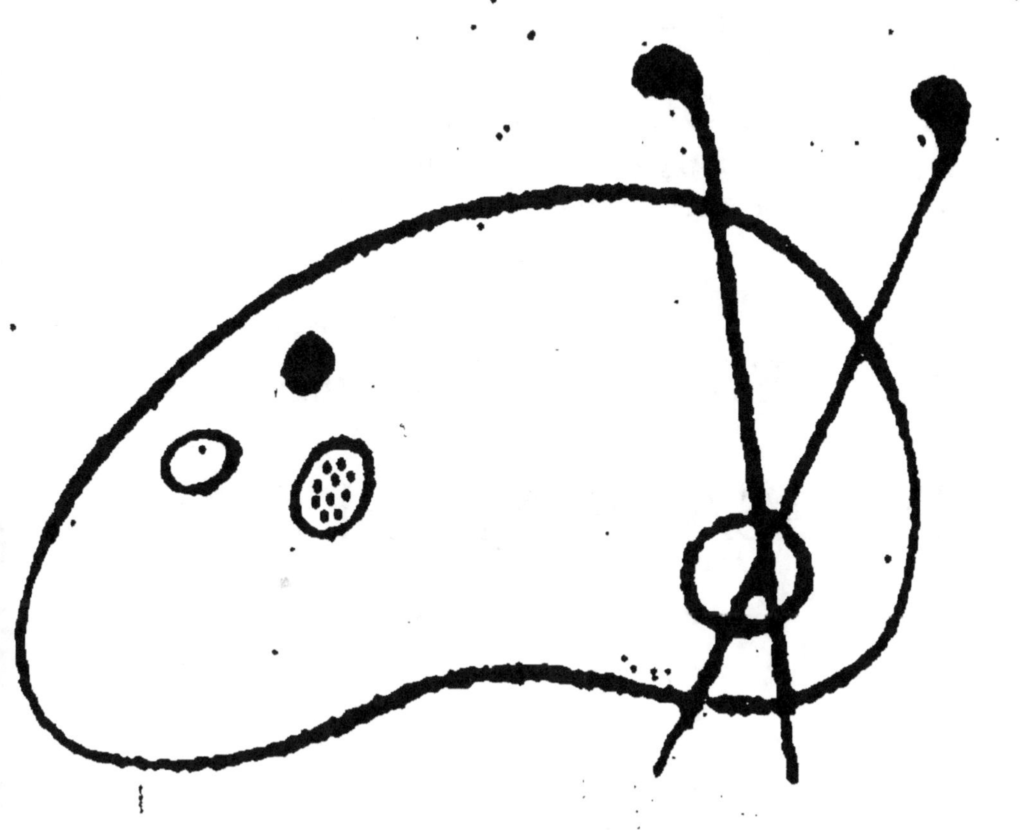

Fin d'une série de documents
en couleur

COLLECTION PAYOT

DIRECTEUR : GEORGES BATAULT

LOUIS LEGER

MEMBRE DE L'INSTITUT
PROFESSEUR AU COLLÈGE DE FRANCE

LES ANCIENNES
CIVILISATIONS SLAVES

Avec 3 cartes hors texte

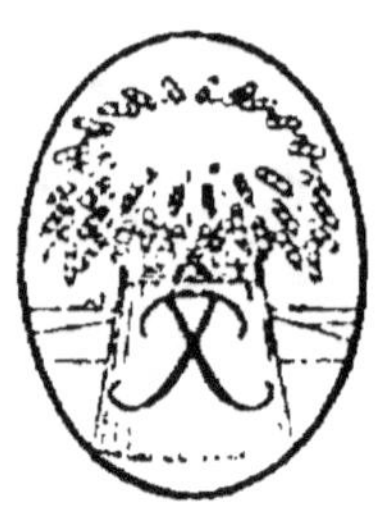

PAYOT & CIE, PARIS

106, BOULEVARD SAINT-GERMAIN

1921

Tous droits réservés

TABLE DES MATIÈRES

A MONSIEUR

LUBOR NIEDERLE

PROFESSEUR A L'UNIVERSITÉ DE PRAGUE

MEMBRE DE L'ACADÉMIE TCHÈQUE

CORRESPONDANT DE L'INSTITUT DE FRANCE

Ce livre qui lui doit beaucoup est affectueusement dédié.

CHAPITRE PREMIER

Le territoire des Slaves primitifs était bien loin de correspondre à celui qu'ils occupent aujourd'hui. Ils s'étendent actuellement — coupés parfois par d'autres groupes ethniques — des bords de l'Adriatique à ceux de la mer du Japon. Le domaine que les hypothèses les plus vraisemblables permettent de leur attribuer dans la période primitive de leur histoire ne dépassait guère celui de la Pologne historique dans sa plus grande extension. Il comprenait les bassins supérieurs de la Vistule, du Dniester, du Boug et du Dnieper. Les localités où s'élèvent aujourd'hui Varsovie, Cracovie, Tchernigov et Kiev, limitaient, en le rétrécissant un peu à l'ouest et à l'est, ce territoire primitif.

Une fois pour toutes, je ne puis que renvoyer les lecteurs curieux de la statistique et de l'expansion actuelle au livre de M. Niederlé, *La race slave* (librairie Alcan, 2ᵉ édition). Ils y trouveront une carte ethnographique qui suffira à les orienter. Contentons-nous de rappeler ici que le total de la race dépasse aujourd'hui deux cents millions.

Le groupe primordial confinait au sud des Karpates avec des populations thraces, à l'ouest avec les Germains, au nord avec les peuples baltes, à l'est avec les Finnois, qui occupaient alors tout le sol de l'immense Russie, au sud-est avec les Cimmériens.

On ignore à quelle époque précise les représentants de cette masse slave s'ébranlèrent vers les régions qu'elles occupent encore aujourd'hui. Quand les Germains, au cours des IIIe et IVe siècles, se mirent en marche vers l'ouest et le sud, les régions qu'ils occupaient furent probablement occupées pacifiquement par les Slaves.

Aucun témoignage ne nous apprend qu'ils aient rencontré de la résistance. Au VIe siècle de notre ère ils étaient déjà établis le long de l'Elbe et de la Saale. Par la Bohême et par la Moravie ils avaient poussé jusqu'au Danube. Ainsi se formèrent quatre groupes ethniques dont trois seulement subsistent aujourd'hui dans leur intégrité : 1° celui des Polonais, dans le bassin de la Vistule ; 2° celui des Polabes ou Poméraniens dans le bassin de l'Elbe et sur le littoral de la mer Baltique. *Po* en slave veut dire *le long de, Labe* est le nom du fleuve que les Allemands appellent l'Elbe. *More* apparenté au germanique *meer* et au latin *mare*, est le mot slave qui désigne la mer. Ce groupe est aujourd'hui presque entièrement germanisé. Le fameux grenadier poméranien, dont la vie était naguère si chère à M. de Bismarck, n'était au fond qu'un Slave plus ou moins récemment germanisé, ou même un Slave pur et simple.

Entre la Saale et la rivière appelée Bober, affluent de la rive gauche de l'Oder, résidait le groupe des Sorabes ou Serbes (Srbi) qu'il ne faut pas confondre avec leurs homonymes des régions danubiennes. Notons en passant que ce nom de Bober n'est autre que celui de notre Bièvre. Bobr apparenté au germanique *biber* est un nom slave qui veut dire castor et qui a fourni des noms de lieux : Bobrov, Bobrova, Bobrouisk, et des noms de famille chez divers peuples slaves. Bièvre est un ancien mot français qui, de même que *bobr*, voulait dire castor.

Le quatrième groupe établi en Bohême, en Moravie et en Slovaquie, fut le groupe tchéco-slovaque qui, après de nombreuses péripéties, vient enfin d'arriver à l'unité politique.

L'expansion des Slaves vers le sud se produisit dans d'autres circonstances, à une époque quelque peu antérieure qu'il n'est pas facile de déterminer avec une précision absolue. Ils suivirent vraisemblablement le cours de certains affluents du Danube, la Tisza, le Pruth. Dès l'année 451, ils avaient menacé Constantinople.

Au VIIIe siècle, ces Slaves occupaient les régions qu'ils tiennent encore aujourd'hui en partie : la Serbie, la Bulgarie, la plus grande partie de la Macédoine, la Thessalie, l'Epire. Ils avaient même débordé sur la Péloponèse. Ils avaient pénétré jusqu'en Laconie. De ces régions helléniques ils ont été depuis éliminés ou ils se sont fondus dans la population indigène.

Ils occupèrent même quelques îles de l'Archipel et quelques cantons de l'Asie Mineure.

D'autre part ils pénétrèrent dans les régions alpines où ils constituèrent, d'une part, le groupe slovène, de l'autre le groupe croate qui, dans certaines de ses parties, se confond au point de vue linguistique avec le groupe serbe. Ce sont les circonstances historiques, notamment la différence des religions : catholicisme chez lez Croates, orthodoxie chez les Serbes — qui ont créé entre les deux peuples des distinctions purement artificielles, et qui, nous voulons l'espérer, tendront de plus en plus à s'effacer, ou du moins à s'atténuer.

Les Slaves qui s'étaient établis entre la Morava et la mer Noire, constituèrent un groupe spécial du jour où ils furent (en 679) envahis par un peuple finnois venu des régions de l'ouest, le peuple des Bulgares. Ce groupe guerrier s'allia aux Slaves contre l'empire byzantin et réussit à réunir en une seule masse les groupes divers des populations indigènes des Severtsi, des Timotchanes, des Smolianes, des Dragovitches. Ainsi les Slaves de l'orient balkanique, comme les Français, comme les Russes, ont pris le nom d'une tribu étrangère à leur race, tribu qu'ils ont d'ailleurs peu à peu complètement assimilée. Récemment, lorsque les Bulgares, pour se venger des Serbes, se sont alliés avec les Magyars et les Turcs, les ennemis de la Triple Entente ont essayé d'exploiter cette parenté primitive des anciens Bulgares avec les peuples altaïques et de constituer un groupe touranien composé des Magyars, des Turcs et des Bulgares. A ce compte là les Allemands auraient pu nous rappeler que les Francs, auxquels nous devons notre nom, étaient des Germains. En réalité les Bulgares actuels ne peuvent pas plus se dérober à la civilisation slave que nous ne pouvons nous dérober nous-mêmes à celle de la culture latine, en invoquant le caractère germanique de nos ancêtres les Francs.

Les premiers souverains bulgares portent des noms absolument étrangers à l'onomastique slave : Kroum, Omortag, Soursoumoul, Alobogatour. On parle dans leur entourage le bulgare, le slave, le grec, de même qu'on parlait slave et normand autour des premiers princes russes ; latin et tudesque autour de nos premiers rois. Les envahisseurs se slavisèrent rapidement. Même leur langue ne devait pas tarder à disparaître, de même que le tudesque a disparu chez nous et l'idiome des Varègues scandinaves chez les Russes.

Vers la même époque, les Slaves du noyau primitif s'épanchent vers l'est ; ils appartiennent à un groupe qui porte le nom d'Antes. Ils occupent d'abord l'espace qui s'étend entre les Carpathes et le lac Ilmen. Ils se répartissent en tribus discordantes et anarchiques jusqu'à l'époque où — dans la seconde moitié du IXe siècle — ils seront organisés par des populations d'origine scandinave. Ils occupent les bassins supérieurs des grands fleuves qu'ils descendront nécessairement et qui devront les attirer tout à tour vers l'Océan glacial, la mer Caspienne et la mer Noire.

La région primitivement habitée par les Slaves paraît avoir été essentiellement forestière et marécageuse. Il y a encore aujourd'hui en Lithuanie, dans la forêt de Biélaviéjà, tel canton où jamais ni les pas de l'homme ni les rayons du soleil n'ont pénétré. Les conifères, le chêne et le bouleau étaient les arbres les plus répandus. En général les mêmes arbres portent les mêmes noms dans les diverses langues slaves et ces noms sont le plus souvent apparentés à ceux qu'ils portent chez nous. Il en est de même pour les principaux animaux, quadrupèdes, oiseaux et poissons.

Les Slaves menaient une vie très simple, autant qu'on peut en juger par les objets trouvés dans leurs tombeaux. On peut leur appliquer, d'une façon générale, ce que dit de son pays, au XIIe siècle, le chroniqueur polonais Gallus : « Regio Polonorum ab itineribus peregrinorum est remota et nisi transeuntibus in Russiam pro mercimonio paucis nota est. La région des Polonais est loin des routes que prennent les étrangers et n'est connue que de quelques marchands qui viennent en Russie faire du commerce. »

Les Slaves vivaient loin des peuples civilisés, c'est-à-dire des Grecs et des Romains. Trois routes commerciales traversaient ou effleuraient seulement leur pays : celle qui joignait l'Adriatique à l'Oder, celle qui suivait le Danube et celle qui gagnait le Dnieper. Elle longeait seulement la frontière des pays slaves. A travers les forêts noires et les marécages peu praticables, les voyageurs et les commerçants hésitaient naturellement à s'engager.

Les textes byzantins, arabes et germaniques nous dépeignent en général les Slaves primitifs comme des hommes vigoureux et endurants. Ils étaient de grande taille, ce que permettent de vérifier les ossements trouvés dans les sépultures. Ils avaient en général le teint clair, les yeux et les cheveux blonds.

CHAPITRE II

LA VIE DES INDIVIDUS. — L'ENFANCE
LE MARIAGE

Nous ne savons rien des rites qui accompagnaient la naissance de l'enfant. Nous savons, par un témoignage chrétien, que certains des Slaves baltiques n'hésitaient point à faire périr les nouveaux-nés qui leur paraissaient constituer un excédent de population, et par suite une charge pour la collectivité. Il semble résulter de cérémonies encore aujourd'hui en usage, que la première tonte de l'enfant mâle donnait lieu à une solennité particulière. On ignore quels rites accompagnaient l'évolution de la puberté.

Les relations sexuelles ne paraissent pas avoir eu pour condition nécessaire le mariage ; la monogamie semble avoir eu la priorité sur la polygamie.

Le mariage s'opérait, tantôt par achat, tantôt par enlèvement, avec ou sans consentement mutuel. Nous avons sur ce point un témoignage positif dans l'ancienne chronique russe dite de Nestor. Elle nous fournit, sur les rapports des deux sexes, des indications qu'il est intéressant de reproduire ici :

« Les peuples slaves avaient chacun leurs coutumes, les lois de leurs ancêtres, leurs traditions et leurs mœurs. Les Polianes (probablement les ancêtres des Polonais. Le mot veut dire habitant des plaines), ont les mœurs douces et modestes de leurs ancêtres ; ils avaient un grand respect pour leurs brus, leurs sœurs, leurs mères, leurs parents, pour leurs belles-mères et pour leurs beaux-frères. Voici comment ils se mariaient : le fiancé n'allait pas chercher sa fiancée, mais on la lui amenait le soir et le lendemain on lui apportait la dot. Quant aux Drevlianes, ils vivaient brutalement, comme des bêtes féroces ; ils se tuaient les uns les autres ; ils mangeaient toute sorte de choses impures ; ils ne pratiquaient point le mariage et enlevaient les jeunes filles qui allaient puiser de l'eau. Les Radimitches, les les Viatitches et les Sévériens avaient tous les mêmes mœurs ; ils vivaient dans les bois comme des bêtes fauves, se nourrissaient de choses impures et tenaient des propos obscènes devant leurs pères et leurs parentes. Le mariage n'existait pas chez eux ; seulement il y avait des jeux entre les villages. Ils allaient à ces jeux ; on y dansait, on y jouait à des jeux diaboliques et là chacun enlevait la femme avec laquelle il s'était déjà entendu ; ils avaient jusqu'à deux ou trois femmes, et quand l'un d'entre eux mourait, ils célébraient auprès du cadavre une fête appelée tryzna ; puis ils faisaient un grand bûcher, posaient le mort sur le bûcher, y mettaient le feu ; ensuite ils rassemblaient les os, les mettaient dans un petit vase et plaçaient ce vase sur une colonne au bord de la route. Ainsi font encore aujourd'hui les Viatitches. Telles étaient aussi les coutumes des Krivitches et des autres païens qui ne connaissaient pas les lois de Dieu et se faisaient des lois à eux-mêmes. »

L'auteur de la chronique avait connu des vieillards qui, au cours de l'année 988, avaient été témoins de la Conversion officielle de la Russie. Mais les mœurs païennes n'avaient pas tout à coup disparu et le témoignage du moine de Kiev ne nous paraît pas devoir être négligé. Nous avons d'ailleurs un texte législatif qui interdit les enlèvements auxquels la chronique fait allusion.

Les rites traditionnels de l'enlèvement subsistent d'ailleurs encore dans ceux du mariage en Russie et chez les Slaves balkaniques. Les parents barrent le chemin de la maison où demeure la fiancée ; on la cache pour la dérober à son ravisseur.

Une coutume qui subsiste encore aujourd'hui dans certains pays slaves, c'est celle d'arroser les jeunes époux de graines alimentaires : blé, millet, pois, houblon, riz, haricots. C'est une façon pratique de souhaiter la richesse et la fécondité. Au temps jadis, traversant les Balkans en voiture découverte, j'ai été moi-même ainsi arrosé aux environs d'Ichtiman.

Parmi les dons offerts aux nouveaux mariés, figuraient en premier lieu des pommes, auxquelles on attribuait certaines vertus aphrodisiaques, une poule et un coq, symboles de la fécondité.

Un gâteau de noces faisait nécessairement partie des accessoires de la cérémonie. Les cheveux de la mariée étaient tantôt coupés, tantôt simplement démêlés.

Des coups symboliques administrés à la jeune épousée, pour indiquer l'autorité du mari, paraissent rappeler un usage analogue des peuples voisins de race altaïque. La mariée, en signe de soumission, devait déchausser son mari. Cette coutume répugnait à certaines étrangères et provoqua parfois des incidents internationaux. D'après la chronique russe que nous avons citée plus haut, vers l'année 978, Vladimir, prince de Kiev, voulut épouser Regnieda, fille du prince scandinave Rogvold (Ragnvaldr) qui régnait à Polotsk. Elle répondit, faisant allusion à la naissance de

Vladimir : « Je ne veux pas épouser le fils d'une servante. Je veux Iaropolk. » On rapporta le propos à Vladimir. Il rassembla une nombreuse armée de Varègues et de Slaves, de Tchoudes et de Krivitches, et il marcha contre Rogvold. Il arriva à Polotsk, tua Rogvold et prit sa fille pour femme. Le chroniqueur omet de nous apprendre si le couple fut heureux. Il est permis d'en douter.

D'après des survivances qui ont persisté en Ukraine, chez les Iougo-Slaves, au Montenegro le *jus primæ noctis* se pratiquait au profit de tel ou tel invité de distinction.

La danse et la musique accompagnaient nécessairement la cérémonie, qui était suivie d'une purification par l'eau et le feu. La femme mariée revêtait un voile qui attestait sa nouvelle condition.

Les deux saisons les plus favorables au mariage semblent avoir été l'automne, qui inaugure le cycle de la vie domestique, et le printemps, qui ouvre celui de la vie rurale. Du rituel païen l'église orthodoxe a beaucoup plus conservé que l'Eglise catholique. En Bohême, en Pologne, en Russie, le peuple, pendant fort longtemps, n'a considéré le mariage comme valable qu'autant que les rites traditionnels avaient été accomplis en dehors de la bénédiction ecclésiastique.

La monogamie fut assez longue à se substituer à la polygamie. Nous trouvons la polygamie chez la plupart des peuples slaves. Tel prince de Bohême entretient une foule de femmes, tel prince de Pologne en compte jusqu'à sept, tel autre chez les Poméraniens n'en a pas moins de vingt-quatre.

On rencontre dans la Russie primitive des cas de polyandrie.

La fidélité conjugale paraît avoir été l'une des vertus essentielles de la femme slave. Au VIIIe siècle l'apôtre Boniface, qui n'aime pas les Slaves païens et qui les appelle *fœdissimum et deterrimum genus hominum* (la plus ignoble et la plus abominable des races humaines), écrit au roi d'Angleterre que chez eux la femme refuse de survivre à son mari et que l'on estime particulièrement celle qui, après la mort de son époux, se fait brûler sur son bûcher. Il n'y a point d'adultère chez eux, disent les géographes arabes à propos des Russes ; chez les Polonais, d'après Thietmar, le coupable d'adultère est condamné à la peine de mort ou à la castration.

Malgré tous ces témoignages, après la conversion au christianisme, les évêques ne cessent de tonner contre des débauches qui n'ont certainement pas commencé avec l'introduction du nouveau culte. Il y avait, comme partout hélas ! des dépravés qui n'ignoraient ni les gestes obscènes, ni l'emploi des aphrodisiaques.

Les sermons, particulièrement chez les Polonais et les Russes flétrissent les fornications, les adultères, les incestes qui se multipliaient à certaines époques de l'année, particulièrement vers la Pentecôte et vers la nuit de la Saint-Jean.

CHAPITRE III

L'HYGIÈNE ET L'ALIMENTATION. — LES MALADIES

Certains témoignages accusent les Slaves de saleté. D'autres, au contraire, nous attestent l'usage fréquent des bains de vapeur, notamment chez les Russes où la pratique de ces bains est restée nationale et chez les Tchèques où elle s'est moins bien conservée. Ces bains s'appelaient primitivement *istuba*. Ce mot, d'où dérive le russe *izba* et sur lequel nous reviendrons plus loin, n'est autre que l'allemand *stube* (primitivement chambre chaude, que nous retrouvons dans le français *étuve*).

C'est dans ces étuves que, vu la rigueur du climat, les premiers chrétiens accomplissaient les rites du baptême.

L'usage des bains de vapeur ne paraît pas avoir d'ailleurs été commun à tous les Slaves. Ce sont probablement les influences musulmanes qui, dans les temps modernes les ont vulgarisés de nouveau chez les Slaves balkaniques.

Les fouilles ont révélé comme objets de toilette une variété infinie de peignes, de ciseaux, de rasoirs, de pincettes épilatoires et même de cure-oreilles en ivoire, en fer, en bronze et des miroirs métalliques. Rien n'indique que les Slaves aient pratiqué le tatouage.

L'alimentation primitive paraît avoir été surtout végétarienne et avoir pour base le millet. Le mot *mleko* qui veut dire lait est apparenté à l'allemand milch, qui a le même sens, au grec αμέλγεω (traire) au latin mulgeo. Nous n'avons point à rechercher ici lequel des différents peuples a transmis à l'autre l'usage d'une substance que la nature a mise elle-même dès les origines, au service de l'humanité.

Les Slaves connaissaient aussi la fabrication et l'usage du fromage dont le nom *syr* est apparenté à l'allemand sauer (sûr).

Ils n'étaient pas végétariens, comme on le prétend à tort. Ils offraient des bœufs en sacrifice, ce qui veut dire qu'ils les mangeaient. Les ossements de divers animaux découverts dans les tombes étaient évidemment destinés à l'alimentation des défunts ou représentaient les restes des repas funèbres. Nous rencontrerons plus loin, dans le chapitre consacré à la mythologie, un dieu des troupeaux. Ils connaissaient en fait de céréales, le froment, l'orge, le seigle qui, dans les diverses langues, portent le même nom. Mais l'aliment favori était le millet, qu'ils consommaient sous forme de bouillie ou de gâteau. Une friandise particulièrement estimée était la graine de pavot, qui s'emploie encore aujourd'hui dans l'Europe orientale dans la boulangerie et dans la pâtisserie.

Ils connaissaient également le chou, l'ail, l'oignon.

Parmi les fruits, ils avaient une estime particulière pour la pomme, à laquelle ils prêtaient des vertus aphrodisiaques. Ce fruit, dont le nom est identique à celui de l'allemand *apfel*, leur était probablement venu de l'Italie. Citons encore parmi les fruits la prune *sliva*, dont le nom rappelle le latin lividus ; la cerise, dans laquelle ils distinguaient comme nous deux espèces, la guigne (vichnia) et la cerise proprement dite (tcherechnia). Pour tout l'ensemble des fruits nobles ils avaient un mot commun : *ovocht*, qui est calqué sur le germanique *obst*.

Les fouilles nous ont révélé de nombreux types de couteaux et de cuillers. La fourchette était, bien entendu, inconnue.

Au point de vue de la table, les Slaves étaient fort hospitaliers. Chez les Baltiques, au dire d'un hagiographe, la table, couverte d'une nappe blanche, était sans cesse chargée de mets qui attendaient les visiteurs. Au dire de Helmold, quand l'évêque Gerold revint en 1156 dans le pays de Vagriens, il y fut accueilli par un festin où ne figuraient pas moins de vingt mets différents.

Chez les Carentins, c'est-à-dire dans la Slovénie actuelle, nous voyons le prince Inko (VIIIe siècle), faire asseoir à sa table ceux de ses compatriotes qui sont baptisés comme lui, mais obliger de manger près de la porte ceux qui sont restés païens.

Le nom que le festin porte dans les anciennes langues, *pir*, est significatif. Il est dérivé de la racine *pi*, qui veut dire boire, et dit assez le rôle qu'y jouaient les boissons fermentées. C'est cette même racine qui a fourni le nom de la bière, *pivo*.

Sauf les Tchèques — d'ailleurs passionnés pour la bière — et les peuples balkaniques, les Slaves ne passent pas aujourd'hui pour des abstinents en matière alcoolique.

Leurs ancêtres du nord et de l'est ignoraient l'usage du vin. Leur boisson favorite était l'hydromel. Ils connaissaient aussi la bière. Le nom de ce breuvage, *pivo*, dont nous avons signalé plus haut l'étymologie, semble indiquer que la bière aurait été la boisson par excellence. D'autre part, le nom du houblon *(chmel)* désigne aussi l'ivrognerie dans la plupart des langues slaves. De ce fait on doit conclure que

la vigne amère du Nord, comme dit Michelet, était la boisson nationale. Quant au nom du vin, *vino*, il il révèle l'origine
étrangère de ce produit importé dans les pays du nord et
de l'est.

Les Slaves buvaient dans des coupes grossières et dans
des crânes. D'après Helmold, en s'abreuvant ils pronon-
çaient des paroles, non pas de consécration, mais d'exécra-
tion au nom de leur dieu, du dieu bon et du dieu mauvais
qui, suivant eux, présidaient l'un à la bonne, l'autre à la
mauvaise fortune. C'étaient, si l'on nous permet l'expression, des toasts inversés.

On a prétendu à tort que les Slaves étaient végétariens.
Le vieil annaliste polonais Dlugosz a tout à fait raison quand
il nous dit que les ancêtres de sa nation satisfaisaient leur
faim avec du froment, de la chair, du poisson, du lait et
des légumes, et un autre annaliste de la même nation,
Gallus, exalte la Pologne comme un pays où l'air est sain,
la terre fertile, l'eau poissonneuse, les bœufs aptes au
labourage, les vaches riches en lait, les brebis riches en
laines.

Herbord, l'historien d'Otto de Bamberg, nous représente
la Poméranie comme une région riche en poisson de mer et
d'eau douce, en cerfs, en buffles, en biches, en sangliers,
en porcs, en beurre, en lait, en graisse d'agneau et de
béliers.

L'usage des œufs n'était pas inconnu, comme l'indiquent
les coquilles trouvées dans les tombeaux. Des os de poulet
nous révèlent que la volaille était un objet de consommation.
En Russie on en sacrifiait devant certaines idoles.

Le pseudo César de Naziance (VIᵉ siècle) nous fournit
sur les Slaves balkaniques toutes sortes de détails abomina-
bles. Il nous apprend qu'ils tuent les nouveaux-nés et que

des mamelles de femmes remplies de lait constituent chez eux un mets très délicat. Ce témoignage absolument isolé d'un théologien fanatique paraît quelque peu suspect.

Parmi les aliments végétaux, nous avons relevé plus haut la consommation usuelle du millet. Au dire de Pline l'ancien, cette céréale était l'aliment préféré des peuples du Pont et des Sarmates. Cette constatation a été l'un des arguments invoqués par ceux qui veulent que les Sarmates aient été des Slaves. Nous avons laissé la question en dehors de ce volume, et nous n'avons pas à la discuter ici.

En dehors du pain non levé ou levé à l'aide d'une levure appelée *kvas*, les Slaves affectionnaient une *bouillie* de céréales appelée *kacha*. Chez nous on disait naguère : C'est la soupe qui nourrit le soldat. Dans l'armée russe il y avait un dicton analogue : Kacha mat nacha (la kacha, c'est notre mère, notre nourrice).

Le pain était fait par les femmes ; un saint russe, saint Théodose (au XIᵉ siècle), se vit gourmandé rudement par sa mère, parce qu'il fabriquait lui-même des prosfiras ou pains de communion.

Les Slaves de l'Elbe paraissent avoir seuls fait entrer dans l'alimentation les champignons qui depuis ont joué un rôle si considérable dans la cuisine russe.

Aux fruits que connaissait la race slave, il faut ajouter la poire, dont le nom sous la forme groucha ou kroucha, se retrouve chez tous les peuples slaves sans exception. Peut-être le fruit est-il venu de l'Orient, peut-être faut-il chercher son étymologie dans le mot kurde *korectie, kurechi*. Ce qu'il y a de certain c'est qu'il était connu de toute antiquité et qu'on retrouve ce nom dans celui d'un certain nombre de localités, par exemple Hrusky, Hrusov, Hrusow,

Hrusovany, Hrusovka, dans les pays de langue tchèque, Krusviczany en Pologne, Krouchevats en Serbie, Krouchovo en Bulgarie.

Le noyer est mentionné dans une vie d'Otto de Bamberg. Il est question d'un noyer sacré conservé dans son sanctuaire païen à Stettin. Cet arbre avait un gardien qui vivait de ses fruits, au dire de l'hagiographe. Les fruits cultivés sous un climat rude, et par un peuple peu expert en horticulture, étaient évidemment peu délicats. De bonne heure les Slaves apprécièrent les fruits du Midi. Quand Olog revient en 907 de sa première expédition contre Constantinople, il en rapporte « de l'or, de la soie, des fruits et du vin. » Au cours de l'année 969, son successeur Sviatoslav dit à sa mère et aux boïars : Je ne me plais point à Kiev, je veux vivre à Pereiaslavets sur le Danube ; car c'est là qu'est le centre de mes terres. Toutes les richesses y arrivent de la Grèce, l'argent, les étoffes, les fruits, les différents vins (Chronique dite de Nestor, p. 53 de ma traduction) ».

Comme on sait, ce rêve séculaire des Russes n'est pas encore réalisé.

La cuisine grossière des Slaves devait sembler assez répugnante aux étrangers qui les visitaient. Tel byzantin les représente comme se nourrissant de toute espèce d'impuretés. Ebbo accuse les Slaves baltiques de manger des immondices. L'annaliste russe connu sous le nom de Nestor nous dit (IX de la traduction française), en parlant des Drevlianes, qu'ils vivaient brutalement, comme des bêtes féroces et mangeaient toutes sortes d'immondices. De même les Radimitchés, les Viatitches et les Sévériens vivaient dans les bois comme des bêtes fauves, se nourrissaient de choses immondes.

Il ne faut pas prendre trop au sérieux ces boutades. J'ai

beaucoup voyagé dans les pays slaves : je connais dans la cuisine des Tchèques, des Serbes, des Polonais, des Russes, tel mets, qui au premier abord semble « immonde à l'étranger, mais auquel il finit par s'habituer très facilement. Les Slaves mangeaient la viande rôtie à la broche ou cuite dans des vases de métal. Le nom de ce récipient est *kotel* ; le mot est emprunté au gothique qui lui-même était dérivé du latin catileus. Ce kotel slave est le cousin-germain de notre *casserole*, qui est certainement apparentée à l'allemand *kessel*.

Parmi les principaux condiments figuraient le poivre, le sel, le cumin et le miel. Le cumin, peu connu chez nous, est encore fort à la mode chez les Slaves. Le miel jouait le rôle du sucre.

Le sel était extrait des salines maritimes de la Baltique ou de la mer Noire ou des mines de la Galicie, du Mecklenbourg.

Des festins avaient lieu dans des circonstances extraordinaires, telles que la première tonsure des garçons, les noces ou les funérailles.

Assez ignorants des lois de l'hygiène, les Slaves voyaient se propager chez eux des maladies dues aux conditions dans lesquelles ils vivaient. Telle était par exemple, dans les régions marécageuses, celle qui existe encore en Pologne et qui est connue sous le nom de *plique polonaise*. C'est une maladie du cuir chevelu due à la présence de parasites végétaux qui se développent dans les régions pileuses de l'individu.

Elle est caractérisée par l'agglomération des cheveux, par une transpiration visqueuse et fétide. Elle s'accompagne de symptômes fébriles, de douleurs de tête et peut parfois avoir pour contre-coup la cécité.

En fait de thérapeutique, les Slaves croyaient plus à la magie qu'à la médecine. Le nom qui désigne encore aujourd'hui en russe le médecin, *vratch*, veut dire proprement celui qui conjure le mal par des paroles (du verbe vrati, mentir; raconter des histoires). Parmi les maladies qui paraissent avoir été le plus répandues on peut citer la goutte et la fièvre.

CHAPITRE IV

LE VÊTEMENT

Les détails du costume nous sont attestés par une foule d'illustrations qui accompagnent des manuscrits russes de l'époque chrétienne. La nature de ce volume ne nous permet pas de les reproduire. Je ne puis que renvoyer les curieux à l'ouvrage tchèque de M. Niederle (tome II, chapitre IV). Ces costumes sont plutôt ceux des Slaves byzantins. Le costume des Slaves païens du centre et du nord offrait, paraît-il, un type particulier. Nous avons, à ce sujet, deux témoignages curieux. Lorsque Dagobert envoya en 638 un ambassadeur auprès du prince Samo, qui régnait ches les Tchèques, Samo ne le reçut que lorsqu'il eut revêtu un costume slave. Quand plus tard, au XIIe siècle, le compagnon d'Otto de Bamberg, l'allemand Herimann, voulut pénétrer à Stettin, dans le temple de Triglav, il dut revêtir un costume slave. » Nous ne savons quelles étaient les particularités de ce costume.

Les noms des vêtements sont, les uns indigènes, les autres orientaux, quelques-uns mêmes dérivés du latin. Par exemple le mot qui désigne la chemise, dans toutes les langues slaves, *kochoula*, est tout simplement pris du latin casula, qui nous a fourni en français chasuble. Le rapprochement est assez piquant.

L'abondance des fourrures et la rigueur du climat impo-
saient l'usage de la pelisse (chouba) qui, en Pologne et en
Russie, est une partie essentielle du costume national.
Le mot est d'ailleurs d'origine germanique.

Parmi les vêtements de femme, il en est un fort ancien
dont le nom a passé dans notre langue. C'est la suknia,
mentionnée chez nous dès le XIIIe siècle sous la forme
sousquaine, qui a donné depuis souquenille.

Les Slaves connaissaient l'art du tailleur qui, dans leur
langue s'appelle tantôt le couseur, tantôt le coupeur.

Les tumuli nous ont conservé — surtout en Pologne et
en Russie, de nombreux types d'aiguilles.

Le chanvre et la laine fournissaient en dehors des fourrures la matière des vêtements. La soie n'était pas inconnue.
Le nom de cette matière textile rappelle tantôt une origine
commerciale allemande, tantôt la forme latine *serica*.
Sous la forme russe chelk (prononcez cholk) probablement
apportée par les scandinaves, sereka se reconnaît ; sous la
forme tchèque et polonaise *hedvab*, jedweb ; le mot paraît
se rattacher à l'allemand got webbi = Gott geweb) tissu
divin, tissu réservé à ceux qui sont investis de fonctions
sacerdotales.

Les vêtements étaient garnis d'agrafes métalliques, qui
offrent les types les plus divers et parfois les plus artistiques.
Des ceinturons de cuir portaient des garnitures métalliques
souvent fort élégantes. De même que les broches, les
épingles et les boucles appartiennent aux civilisations les
plus diverses. Ces objets s'importaient facilement.

Les fouilles ont rencontré des fragments de diadèmes et
des boucles d'oreille, dont quelques-unes d'un travail très
compliqué. Notons encore — surtout dans la Russie occidentale — des colliers de perles en verre des types les plus

divers et parfois les plus raffinés, des pendeloques ou breloques, dont quelques-unes, surtout en Russie, affectent des formes d'animaux stylisés. On a trouvé des colliers de métaux plus ou moins précieux, des bracelets, des anneaux. Pour beaucoup de ces objets, aisément transportables, il est difficile de déterminer lesquels sont de fabrication nationale, lesquels d'importation étrangère.

CHAPITRE V

L'HABITATION

Les Slaves ont probablement commencé par mener une vie nomade. Leurs premières habitations durent être des caveaux souterrains. Au XIIᵉ siècle de l'ère chrétienne, l'un des biographes d'Otto de Bamberg, parlant de l'île de Rügen, célèbre par ses sanctuaires et ses pèlerinages païens, nous dépeint les demeures des nobles comme fort humbles et misérables. L'annaliste allemand Helmold nous rend sur les habitations des Slaves baltiques un témoignage analogue.

C'est surtout dans l'Ukraine que l'on a découvert des habitations souterraines plus ou moins bien conservées. Mais il n'est pas sûr qu'elles n'aient eu pour créateurs ou pour occupants que des Slaves.

Sans entrer dans des détails que nous interdit la nature de cette publication, rappelons seulement que le mot *izba*, par lequel nous désignons habituellement la maison du paysan russe, n'est qu'une adaptation du germanique *stube*, qui désigne primitivement une chambre chaude et qui a passé chez nous dans le mot *étuve*. La forme primitive était *istba*.

C'est à la stube allemande, au sens de pièce chaude,

que pensait Descartes quand il méditait dans un *poêle* son *Discours de la Méthode.*

Un trait caractéristique de l'habitation, même villageoise, dans les pays russes, c'est l'existence d'un local particulièrement consacré aux bains de vapeur. L'usage de ces bains était très en vogue, particulièrement chez l. s Slaves de Russie. Au XIIe siècle, le moine chroniqueur, connu à tort sous le nom de Nestor, imagine que l'apôtre saint André, disciple du Christ, alla dès le premier siècle de notre ère à Kherson, à Kiev, à Novgorod et vint ensuite à Rome, où il raconta ce qu'il avait vu dans ces villes :

« J'ai vu, dit-il, des choses étonnantes dans la terre des Slaves en venant ici : j'ai vu des bains de bois et on les chauffe très fort ; et puis les hommes se mettent tout nus et ils se jettent sur le corps de l'eau de lessive ; puis ils prennent une verge flexible et s'en frappent eux-mêmes, et ils se frappent si fort qu'il en sortent à peine en vie, alors ils se versent de l'eau froide sur le corps et reviennent ainsi à la vie et ils font cela tous les jours et nul ne leur inflige cette torture ; ils se la donnent eux-mêmes ; et ils font cela pour se baigner, non pour se torturer. »

Et ceux qui entendirent ce récit en furent étonnés, ajoute le bon moine, qui suppose aux contemporains de saint André les sentiments qu'il avait évidemment entendu exprimer par des étrangers de passage dans son pays.

Chose singulière, le nom de ces bains, que nous appelons encore aujourd'hui les bains russes, est aujourd'hui *bania* ; le mot est tout simplement — comme chez nous — dérivé du latin balneum, probablement par les intermédiaires d'une forme byzantine.

Chez les Slaves baltiques, les princes avaient pour domiciles des édifices un peu plus somptueux que ceux de leurs sujets. Un biographe d'Otto de Bamberg n'hésite point à les qualifier de palais. La salle de gala s'appelait *dvornica* et ce mot a persisté dans l'allemand du Hanovre, sous la forme peu défigurée dvarneiz.

Le bois constituait la matière des habitations primitives. L'emploi de la brique et de la pierre se rapporte à des époques postérieures.

Hesbord nous apprend que les Slaves de Poméranie ne connaissaient ni les serrures ni les clefs. Mais ces objets figurent dès le XIᵉ siècle dans les textes russes et se rencontrent fréquemment dans les fouilles.

Des recherches récentes dans la Petite Russie, autrement dite Ukraine, ont fait découvrir différents types de foyers ou de fours. A défaut de cheminée, la fumée s'échappait par un trou ménagé dans le plafond. J'ai encore rencontré dans les Balkans ce type de foyers primitifs.

On a découvert divers échantillons de briques métalliques. Primitivement le bois fournissait à la fois l'éclairage et le chauffage. Chez les Slaves baltiques, un impôt d'une nature spéciale prélevait la cire pour la fabrication des matières lumineuses.

Au début les Slaves couchaient simplement sur le sol. Avec le progrès, ils connurent l'usage du lit et des coussins. Avant d'employer la chaise mobile, ils n'eurent pour siège que des bancs allongés contre les murs.

L'usage des tables n'était pas inconnu chez les Slaves du Nord.

Une foule de vocables empruntés à l'allemand attestent encore aujourd'hui les éléments germaniques dans maints détails de l'architecture et du mobilier.

Un certain nombre d'habitations réunies constituaient une ville. La ville était entourée d'une enceinte en terre ou en bois, qu'on appelait *grad*. Cette forme a persisté chez tous les Slaves, chez les Russes où elle s'est développée en *gorod*. Nous la rencontrons sous des formes diverses, en Bohême, *hrad* ; en polonais, *grod*; chez les Slaves balkaniques, *grad*. Nous la retrouvons dans l'allemand, garten, jardin, c'est-à-dire primitivement enclos. En Bulgare *gradina* est un jardin.

L'industrie domestique ou professionnelle connaissait l'art de filer, de tisser, de fabriquer des chaussures. Elle savait manier la vrille, la scie, les tenailles, le marteau ; elle fabriquait des voitures et même des esquifs. Nous parlerons plus loin de la marine de la Baltique.

CHAPITRE VI

L'AGRICULTURE

Les Slaves constituaient une population essentiellement agricole. Primitivement, ils labouraient leurs champs à l'aide d'une charrue constituée par un long brancard muni à son extrémité d'un simple coultre. Helmold, qui l'appelle *aratrum slavicum*, nous dit qu'une paire de bœufs ou un seul cheval suffisait à le faire manœuvrer.

Plus tard, ils empruntèrent aux Germains la charrue qu'ils appellent encore aujourd'hui plug (al. pflug) et qui est munie d'un soc plus puissant que le coultre.

A défaut de textes, la lexicographie comparée suffit à nous révéler quels étaient les principaux végétaux objet de leur culture : le seigle, le froment, l'orge, l'avoine, dont on retrouve les noms dans toutes les langues slaves. Les grains étaient broyés par des meules manœuvrées à la main ou par de petits moulins établis sur les cours d'eau.

L'agriculture connaissait les plantes textiles : le chanvre, le lin. Elle maniait la faux, la serpe, la pelle.

Les mots qui désignent la viande, le lait, le fromage, ont leurs analogies dans nos langues européennes.

Certains fruits, comme la pomme et la cerise, portent des noms latins introduits par la voie germanique.

Les Slaves du Nord ne connaissaient ni la vigne ni le vin. Ils savaient se fabriquer des breuvages qui, au dire de Herbord, le compagnon de l'évêque Otto, égalaient les Falernes les plus exquis. L'évêque qui venait évangéliser des païens avait besoin de vin pour le saint sacrifice. Lors de sa seconde mission il apporta des plants de vigne qu'il fit cultiver et vendanger.

En revanche, l'usage du houblon était fort répandu, tellement répandu que l'ivresse produite par le breuvage qu'on en tire porte encore dans certaines langues slaves le nom même du houblon. Nous disons quelquefois : Il est pris de vin. Les Slaves disent : Il est pris de houblon.

Sous le nom de kvas, les Russes fabriquaient avec des grains une boisson fermentée légèrement acide, et qui offre quelque analogie avec notre cidre mousseux. Le nom de kvas, comme celui du houblon, désigne aussi l'ivresse et les excès de table.

D'ailleurs la sobriété n'est pas la vertu dominante des peuples du Nord.

La cave s'appelle, dans plusieurs langues, *pivnica* ; ce détail semble indiquer que la bière (pive) était la boisson nationale par excellence.

CHAPITRE VII

LA FAMILLE ET LA TRIBU

La famille vivait sous le régime de la communauté dans un domaine administré par le père ou, à son défaut, par un ancien. Un certain nombre de familles constituaient une tribu. Un groupe de tribus faisait un peuple ou, comme on disait dans la langue primitive, une *langue* (c'est-à-dire le groupe d'individus qui parlait la même langue).

La monogamie était de règle. L'esclavage ne s'appliquait pas aux indigènes, mais seulement aux prisonniers de guerre. De ces prisonniers les Slaves avaient, hélas ! l'occasion d'en perdre beaucoup dans leurs luttes contre leurs voisins allemands. C'est ce qu'attesterait au besoin le texte célèbre du chroniqueur saxon Widukind (xe siècle).

« Transeunt dies plurimi Saxonibus pro magno latoque imperio, Sclavis pro libertate ac ultima servitute varie certantibus. »

Beaucoup de jours s'écoulèrent pendant lesquels les Saxons luttaient pour acquérir un grand et vaste empire, les Slaves pour défendre leur liberté contre la pire servitude.

Ces lignes ne semblent elles pas écrites d'hier ? Le moine à qui on les doit, vivait au xe siècle, dans le monastère de Corvey, en Westphalie.

Quand nous employons couramment les mots d'esclave et d'esclavage dans la vie des peuples classiques, nous commettons sans nous en douter un effroyable anachronisme ; ces mots datent du moyen-âge, et rappellent l'asservissement des Slaves par les Germains.

Les langues slaves n'ont pas de mots nationaux pour désigner la monnaie ou les monnaies. Primitivement, les têtes de bétail et de gibier servaient aux transactions commerciales. Chez les Russes c'étaient des peaux de martres. Au témoignage de Helmold, dans l'île de Rugen c'étaient des morceaux d'étoffe qui servaient aux transactions. Les Slaves baltiques étaient fort habiles à tisser le lin. Le verbe qui veut dire payer, *platiti*, est probablement en rapport avec le nom de la toile (platne).

Le mot qui veut dire bétail dans les langues slaves, *skot*, est identique à celui qui, en allemand, veut dire trésor (schatz). Comparez le latin pecus et pecunia.

L'HOSPITALITÉ

Un trait caractéristique des peuples slaves, c'était leur pratique de l'hospitalité ; sur ce point concordent tous les témoignages des étrangers, aussi bien des Byzantins que des Allemands.

L'empereur Léon le Sage (886-911) disait d'eux dans sa *Tactique* :

« Ils étaient très zélés à pratiquer l'hospitalité. Même encore aujourd'hui ils regardent comme une iniquité de la négliger et ils la pratiquent avec la même ardeur qu'autrefois.

Envers les étrangers qui venaient chez eux ils étaient

bienveillants et doux, ils les recevaient affectueusement et les renvoyaient en bon état, pourvus d'un viatique suffisant et les transmettaient à des compatriotes. Ils se garantissaient mutuellement qu'il n'arriverait rien à leurs hôtes et qu'ils seraient toujours bien pourvus.

Et si, par la négligence de celui qui l'avait reçu, l'hôte souffrait quelque dommage, ils déclaraient la guerre à ce négligent. Ils considéraient qu'ils devaient venger la cause de leur protégé ; c'était pour eux un devoir moral.

Ecoutons maintenant les écrivains germaniques.

Adam de Brême (11ᵉ siècle) écrit : « Aucune nation n'est plus bienveillante au point de vue des mœurs et de l'hospitalité. »

Et le biographe de l'évêque Otto de Bamberg (III, 7) :

« Odalrich et Alboin arrivèrent dans la ville très riche de Hologast (1). Là ils furent reçus avec honneur par une mère de famille, la femme du préfet de la ville. Elle leur lava les pieds avec une dévote humilité, fit dresser immédiatement la table couverte de mets très abondants. Ils furent étonnés, stupéfaits d'avoir trouvé dans le royaume du diable — c'est-à-dire chez des païens — une telle grâce d'humilité et d'hospitalité. »

Herbord écrit de son côté :

« Chose admirable : Leur table n'est jamais desservie, jamais sans couvert mis. Tout père de famille a toujours une table propre et convenable qui ne sert qu'aux repas. Ici la table avec tous les mets et tous les breuvages n'est jamais vide ; mais on remplace tous les plats consommés. A quelque heure que l'on veuille se restaurer, hôtes ou gens de la maison trouvent tout préparé s'ils veulent se mettre à table ».

(1) Cette ville est aussi appelée Velegost, Volgast. Elle était située sur la rivière Pena et célèbre par un temple du dieu Gerovit.

Écoutons maintenant Helmold :

« Je sais par expérience ce que je savais auparavant par ouï dire, qu'aucun peuple n'est plus honnête que les Slaves dans la pratique de l'hospitalité. On dirait qu'ils s'entendent pour courir après les hôtes. »

Et ailleurs :

« La bonne grâce dans l'hospitalité et les égards pour les parents sont considérés chez les Slaves comme la première des vertus. »

Au dire de Helmold, ils sont tellement hospitaliers qu'ils volent même des vivres pour les offrir à leurs hôtes.

Ici le texte latin vaut la peine d'être cité :

« Sclavorum legibus accedens quod nocte picatus fueris crastina hospitibus disperties. » *(Chronicon Slavorum, I, 82).*

Celui qui se dérobait au devoir de l'hospitalité était l'objet d'un mépris général. Il était *exsibilandus,* autrement dit tout le monde avait le droit de le siffler, de le déclarer vil et méprisable ; il était même permis de mettre le feu à sa maison.

A propos du vol excusable dont il est question plus haut, remarquons que dans les idées des Slaves il n'avait rien de criminel. Tous les produits du sol et du travail paraissent avoir été en commun.

C'est chez les Slaves balkaniques — moins envahis par notre civilisation — que se sont le mieux conservées les traditions de l'antique hospitalité.

Cette obligeance naturelle de ses compatriotes slaves, mon illustre ami, l'historien tchèque Palacky, se plaisait à la symboliser dans un récit caractéristique :

« Un voyageur, disait-il, s'égare dans une forêt inextricable.

Il rencontre un individu vêtu d'un dolman à la hussarde, chaussé de grandes bottes, qui sommeille à l'ombre d'un chêne. C'est un Magyar. Il lui demande son chemin. L'interpellé interrompt son somme, soulève sa jambe droite et oriente la pointe de sa botte.

C'est par là. »

Le voyageur resté perplexe tombe ensuite sur un homme à lunettes qui paraît plongé dans la lecture d'un volume très savant. Il l'interroge.

Réponse :

Si vous voulez sortir de la catégorie du moi pour vous transporter dans la catégorie du non moi, en vous objectivant vers la perpendiculaire du chemin actuel, suivez cette perpendiculaire, faites ensuite un angle de trente cinq degrés, décrivez ensuite une demi-circonférence et vous aurez chance de sortir de la forêt par la transversale.

L'égaré envoie à tous les diables le malencontreux raisonneur et reprend sa route en tâtonnant ; il finit par rencontrer un brave paysan slovaque, qui se rend au marché avec un panier de légumes.

Il renouvelle sa question.

Monsieur, répond l'interpellé, le chemin n'est pas facile à trouver ; mais, si vous le permettez, je vais vous conduire. »

Voilà, concluait Palacky, toute la psychologie du Magyar, de l'Allemand et du Slave.

CHAPITRE VIII

LA GUERRE

Nation essentiellement sédentaire et agricole, les Slaves n'étaient pas organisés pour les guerres de conquête ; ils l'étaient insuffisamment pour la défensive Outre les forêts et les marécages, leurs points d'appui étaient des enceintes fortifiées en terre ou en bois généralement désignées sous le nom de gard, grod et de *berlie* (enceinte de pieux) C'est un de ces *berlie* qui a donné le nom de Berlin. On a voulu depuis l'expliquer par celui de l'ours, *Bär* qui figure dans les armes de la capitale comme dans celles de la ville de Berne. L'ours n'a rien à voir avec les origines de ces deux cités.

Mais ces prétendues places fortes n'avaient point de garnison permanente. Il arrivait que, survenant soudain, l'envahisseur trouvait telle ville absolument dépourvue de défenseurs.

Tel fut par exemple le cas d'Arkona, la capitale religieuse de l'île de Rujana (Rugen), dont nous parlerons tout à l'heure. L'attaque des Danois la surprit entièrement vide d'habitants. Il en fut de même pour les villes de Roztok et de Volyn.

Quand les indigènes étaient prévenus à temps, ils se réfugiaient dans les enceintes fortifiées. Mais ils négligeaient l'occupation préliminaire. La fortification consistait en une enceinte de terre ou de pieux, parfois agrémentée d'une tour en bois capable de résister aux machines de jet rudimentaires dont les assiégeants pouvaient disposer.

Les Slaves savaient d'ailleurs bien choisir des positions défensives, abritées le plus souvent par des marais, d'un accès difficile. Stettin était particulièrement favorisé à cet égard et la solidité de sa position était proverbiale chez ses ennemis séculaires, les Danois.

Tout citoyen valide était tenu au service militaire sous le commandement du prince ou des chefs de districts ou de tribus (joupas). Assez malhabiles en rase campagne, les Slaves excellaient surtout dans la défensive.

Aucun texte n'indique que ceux du Nord ou du Midi aient connu l'emploi de la cavalerie. Evidemment ils n'avaient pas l'esprit envahisseur des Mongols.

Les Slaves balkaniques l'ignorent absolument. Pas plus que les Slaves du Nord, ils ne forment un groupe unique soumis à un pouvoir central. Ils constituent une infinité de groupes soumis à des chefs isolés. Ces chefs portent le titre de *vladika*, qui désigne aujourd'hui les prélats. (Comparez chez nous le sens laïque de *seigneur* et le sens de *monseigneur* dans la vie ecclésiastique). On les appelle aussi parfois *knez*, du germanique kœnig, kuning (cf. chap. X).

Comme leurs congénères du Nord, ces Slaves préfèrent le séjour des forêts à celui des villages : ils se réfugient sous leurs ombrages en cas de péril et s'efforcent d'y attirer l'ennemi. Ils ne pratiquent que le service d'infanterie et cette circonstance ne leur permit pas de lutter contre les peuples cavaliers, par exemple les Huns et les Avars et plus tard les Magyars. Elle nous explique pourquoi ces derniers se sont établis si aisément dans les plaines de la Hongrie.

Les Slaves balkaniques constituaient un groupe particulièrement belliqueux. Ils étaient, disaient-ils, plus habitués à commander qu'à obéir. Ils préféraient le séjour des forêts à celui des villages. Ils se réfugiaient sous les arbres en cas d'attaque et s'efforçaient d'y attirer l'envahisseur. Ils savaient employer sur les fleuves, et même sur la mer, des barques légères.

Ils pratiquaient des ruses de guerre dont l'une semble avoir devancé l'ère future des scaphandriers.

En cas d'attaque imprévue, ils se cachaient au fond d'un étang ou d'un cours d'eau et respiraient à l'aide d'un long tuyau de roseau dont l'extrémité dépassait la surface du liquide. On a retrouvé un détail analogue dans l'histoire des Kosaks.

Quelques-uns des Slaves balkaniques durent entrer dans l'armée impériale de Byzance et par suite embrasser la foi chrétienne. Les païens n'étaient point admis dans les armées byzantines.

Au dire de Procope, les Slaves ne portaient pas de cuirasses. Ce qui constituait leur armement, c'étaient l'arc, muni de flèches empoisonnées, la lance, le javelot, le bouclier.

Ils n'aimaient point les luttes en rase campagne. Ils préféraient les terrains où ils pouvaient s'abriter derrière les arbres ou les rochers ou dans le creux d'un défilé. Ils lançaient sur les affluents du Danube de légers esquifs qu'ils manœuvraient avec beaucoup d'habileté.

Durant la période primitive, ils sont désignés sous le nom d'Antes et de Slaves. Ce n'est qu'à partir du IX\ :sup:`e` siècle que l'on voit apparaître ceux de Serbes et de Croates. L'interprétation de ces noms est difficile.

Nous rencontrons des mercenaires Slaves en Italie, en Perse, et dans les régions du Caucase.

Sur la façon dont ils traitaient les ennemis, nous avons des témoignages tout à fait contradictoires. Au dire ce certains auteurs, ils ne ménageaient point leurs prisonniers les brûlaient vifs, les faisaient mourir sous les coups.

L'empereur Léon traite avec plus de bienveillance ses voisins slaves.

D'après lui, ils ne maintenaient pas leurs prisonniers dans une servitude perpétuelle. Mais ils leur laissaient la faculté de se résigner à un certain temps de captivité, après lequel ils pouvaient, moyennant rançon, retourner dans leur patrie ou bien rester chez leurs vainqueurs en qualité d'hommes libres et d'amis.

CHAPITRE IX

LA VIE MARITIME

Les Allemands, en acculant les Slaves, par une pression incessante, aux rives de la Baltique, les obligeaient à devenir un peuple de marins. Au dire de Helmold (II, 3), ils devinrent tellement habiles pirates qu'ils renoncèrent à l'agriculture pour vivre de la mer.

Dans la pratique de la piraterie, les Wagriens — voisins de Lubeck — se distinguaient particulièrement. Ils se cachaient dans les baies du groupe danois, en sortaient à l'improviste, fondaient sur des côtes mal défendues et revenaient chargés de butin.

Ils n'avaient à terre que des cabanes légères, abris momentanés en cas de mauvais temps. Si l'ennemi attaquait en force, ils ensevelissaient leur numéraire et leurs objets les plus précieux et envoyaient leurs femmes et leurs enfants dans les villes et dans les forêts. Leur vie n'était pas sans analogie avec celle que menaient naguère les Kozaks et que Gogol a décrite de façon si pittoresque dans *Taras Boulba*.

La nécessité de lutter contre les Danois développa singulièrement les instincts maritimes des Slaves baltiques. Ils devinrent particulièrement habiles dans la construction des navires. Ce furent eux qui construisirent les premiers bâtiments capables de transporter les chevaux. Ils faisaient un commerce considérable dans les ville de Volyn (aujourd'hui en allemand Wollin) et de Stettin — dont les habitants, dit un chroniqueur, connaissaient les localités, les provinces et les mœurs de toute la nation — de Dimin, de Kolodno, d'Arkona, dont les sanctuaires et le port attiraient de nombreux étrangers, de Kolobreg, dont les salines étaient connues dans toute la Germanie.

Les principaux objets de leur trafic étaient le sel, le poisson frais ou salé, le cuir, les fourrures. Le mot allemand kürschner, qui veut dire pelletier, est probablement d'origine slave.

Leurs relations commerciales sont attestées par les nombreux mots étrangers qui ont passé dans leurs langues et qui ne sont pas toujours faciles à reconnaître au premier abord. Au Xe siècle, la ville de Prague était déjà fréquentée par des négociants russes qui gagnaient les régions du Danube. Les Sorabes, autrement dit les Serbes, avaient des relations commerciales avec l'Orient. Prague, au témoignage de l'Arabe Al Bekri, était un centre d'affaires des plus importants.

Il est bien entendu que les Slaves n'avaient pas de monnaie indigène. Ils y suppléaient en partie à l'aide du numéraire qu'apportaient les étrangers, et par des paiements en nature.

Au XIe siècle, dans la Bulgarie méridionale, on payait comme impôt pour chaque attelage de bœufs un boisseau de froment, un boisseau de millet et une cruche de vin. Dans la Russie, vers le XIe siècle, les impôts sont payés au nord et à l'est en monnaie importée par les Khozars et par les Bulgares du Volga : à l'ouest et en Pologne ils sont payés en miel, en peaux de martre et d'écureuil. En Croatie le nom de marturesse a longtemps désigné les impôts payés primitivement en peaux de martre. En Serbie encore, aux XIIIe et XIVe siècles, bien que la monnaie soit depuis longtemps en circulation on paye encore des amendes en chevaux, bœufs et moutons. Au dire de Ibrahim ibn Ickab et de Helmold, chez les Slaves Baltiques et en Bohême, on payait en morceaux de toile, *platno*, et c'est probablement de cette circonstance qu'est venu le verbe *platiti*, payer, qui a ce sens dans toutes les langues slaves.

CHAPITRE X

L'ORGANISATION POLITIQUE

Le Byzantin Procope nous dit : « Les Slaves, et les Antes ne sont pas gouvernés par un souverain ; mais il vivent en démocratie. »

En effet, les mots qui représentent l'idée de chef politique ou d'autorité sont tous d'origine étrangère. Le mot *tsar* est particulièrement usité chez les peuples soumis aux influences byzantines ; c'est une abréviation du latin Cœsar, qui a donné en allemand kaiser ; le mot *kral* (russe *korol)*, qui désigne le roi, vient du latin Carolus ; c'est le nom de Charlemagne, allemand Karl, qui s'est imposé comme celui de César à l'imagination populaire des nations hypnotisées. Le nom du prince, *kniaz* en russe, *knez* en serbe, vient du germanique *kuning* (aujourd'hui allemand *kœnig*, anglais *king*). L'idée d'administration est exprimée par une racine, *vlad*, et qui n'est autre que le germanique *walt*, et qui, dans les langues slaves s'applique soit aux fonctions, soit aux répartitions administratives.

Le chef reconnu de la tribu n'était pas inamovible, encore moins héréditaire. L'hérédité paraît s'être établie surtout dans les régions qui confinaient au monde germanique.

Il n'y avait point de nobles chez les Slaves primitifs. L'idée de reconnaître une classe privilégiée est empruntée aux voisins allemands. Le mot qui désigne la noblesse en polonais *szlachta*, en tchèque *slechta*, est tout simplement emprunté à l'ancien haut allemand *slahta* (aujourd'hui *geschlecht*, la race). Les mots qui désignent la noblesse en russe et en serbe sont tout simplement traduits de notre idée de cour et de courtisan ou empruntés à l'idée de la race.

Les titres nobiliaires, par exemple, comte, marquis, sont des mots allemands plus ou moins défigurés. Ces mots sont inconnus chez les peuples balkaniques, sauf chez les Croates, qui se sont appliqués à calquer les mœurs de Vienne ou de Budapest.

Le vocable qui désigne l'écusson ou les armoiries tchèques et polonais, *herb*, russe *gerb*, est tout simplement une transcription de l'allemand *erbe*, héritier. C'est le signe héréditaire.

Il existe en ancien bulgare, en bulgare moderne, en russe et en petit russe, un mot *boliarine*, ou *boiarine*, un mot qui a passé en français, sous la forme encore usitée boyard (la transcription exacte est boïar), par lequel on désignait naguère un membre de l'aristocratie russe. La forme boliarin s'explique évidemment par une réminiscence de la racine bol, qui représenterait l'idée de *melior*, optimas. Cette étymologie semble assez naturelle. On en a proposé une autre. Le vocable serait un mot turc, boïar, personnage illustre, magnat. L'orthographe boliar s'expliquerait par l'influence de la racine boli, melior. Je n'entreprends pas de résoudre le problème. Le mot boliarin a disparu en Russie au XVIIIe siècle. Il a été remplacé par la forme abrégée barine, qui veut dire monsieur, de même que chez nous *monsieur* a remplacé *monseigneur*. Il semble bien que le mot boïar, comme les mots cités plus haut et dérivés de l'allemand, soit d'origine étrangère.

CHAPITRE XI

LES PRINCES LÉGENDAIRES

La première chronique tchèque mentionne un personnage appelé Krok, qui aurait régné sur la tribu des Tchèques, établis au centre du quadrilatère bohémien, auquel ils ont donné leur nom (Czechy dans la langue nationale). Ce Krok aurait eu trois filles, dont l'aînée, Libuse, à la suite d'une injure infligée par un de ses sujets, aurait épousé le laboureur Premysl, fondateur d'une dynastie qui régna jusqu'à l'année 1306. Remarquons qu'un prince du nom de Krak figure à la première page de l'histoire de Pologne.

Au début de l'histoire, la Bohême proprement dite et la Moravie, aujourd'hui réunies dans l'Etat tchéco-slovaque, forment deux Etats indépendants. Dans la première moitié du XIXᵉ siècle (830-901), le prince païen Mojmir réunit sous son autorité l'ensemble des tribus moraves beaucoup moins centrifuges que leurs congénères de Bohême. A cette époque la Moravie, indépendante de l'Etat voisin, possède une forteresse dont le nom rappelle celui que les allemands ont traduit par Mecklenbourg (voy. chap. XVII, p. 112). Ce nom est Velehrad. Velehrad et veut dire la grande forteresse. Est-ce la ville que les Annales de Fulda désignent sous l'année 869 par ces mots : « « Ineffabi-

Ian Rastizi munitionem et omnibus antiquissimis dissimi-
lem ? » De cette ville ou de cette forteresse il n'est rien
resté et les dévots des apôtres slaves Cyrille et Méthode, dont
le souvenir est lié à cette cité, se perdent en conjectures
sur son emplacement. Ce fut le successeur de Mojmir, Ros-
tislav qui, pour échapper au dangereux apostolat du clergé
allemand fit venir ces deux apôtres de Constantinople pour
révéler aux Slaves l'évangile dans la langue maternelle.

Au cours de l'année 905 ou 906 l'Etat de la Grande Moravie disparaît sous les coups de l'invasion magyare.

La poésie populaire chante encore ce désastre :

« Près du large Danube, près des flots écumants de la
Moravie, saigne le cœur blessé des Slaves.

O patrie de nos nobles aïeux, théâtre retentissant de nos
anciennes luttes, tu gis ensevelie dans ta vaste étendue : la
flèche du malheur a transpercé ta poitrine ?

Ton temps est passé. Ta gloire s'est endormie d'un som-
meil éternel. Les fils ne trouvent plus que l'ombre de la
gloire de leurs aïeux.

L'épée de Mojmir sommeille, les roches et les ronces
couvrent le casque de Svatopluk !.

Parfois seulement du sein de l'oubli un souvenir s'envole
au ciel dans une chanson. »

Et encore :

« Nitra, chère Nitra, haute Nitra ! Où sont les temps où
tu florissais ?

Nitra, chère Nitra ! mère des Slaves, quand je te con-
temple, il me faut pleurer.

Tu étais jadis la mère de tout le pays où coulent le
Danube, la Vistule et la Morava.

Tu étais le siège de Svaptopluk quand régnait sa main
puissante.

Tu étais la ville sainte de Méthode quand il prêchait à nos pères la parole de Dieu ! — Aujourd'hui ta gloire est voilée d'ombre. — Ainsi le temps change, ainsi va le monde.

Après s'être appelée Neutra, au temps où le Germain dominait et Niytra sous le régime magyar, l'antique cité a repris son nom primitif et jouera certainement un rôle considérable dans la destinée du nouvel Etat tchéco-slovaque.

Les débuts de l'histoire de Pologne sont défigurés par une foule de légendes qui attestent chez les chroniqueurs une singulière facilité d'invention, mais dont aucune ne paraît avoir de base historique. On en trouvera le résumé dans un ouvrage qui mérite encore aujourd'hui d'être consulté — avec prudence, bien entendu — celui de C. Lelewell, *Histoire de Pologne* (Paris, 1844). Nous n'avons rien à tirer de ces récits imaginaires. Nous devons toutefois mentionner la légende de Piast, qui se rencontre dans la chronique de Gallus (première moitié du XIIe siècle) et qui laissera des traces dans l'histoire.

Ce Piast était, dit Gallus, charron de son métier. Il vivait sous le règne d'un prince légendaire nommé Popiel. Notons que ce mot veut dire cendre — sans prétendre d'ailleurs tirer aucune conséquence historique de cette interprétation. C'était un personnage fort inhumain. Un jour deux pèlerins vinrent lui demander l'hospitalité ; il les repoussa — contrairement aux mœurs hospitalières de ses compatriotes. Ils se rendirent chez Piast qui, précisément, célébrait ce jour-là la première tonsure de son fils (voyez, chapitre Ier). A cette occasion il offrait un festin à ses voisins. Les pèlerins furent invités à la fête ; après avoir pris part à la tonsure ils donnèrent au fils de Piast le nom de Ziemovit et prédirent qu'il serait un jour prince du pays. Ils persuadèrent à Piast d'inviter Popiel à la cérémonie et les mets et les breuvages se trouvèrent miraculeusement multipliés. Une petite mesure d'hydromel suffit à remplir tous les vases de la maison et la chair d'un seul porc combla un tonneau tout entier. Quand Popiel eut disparu, dévoré par des rats, les compatriotes de Piast l'appelèrent à régner à sa place.

Remarquez que ce nom de Piast a une valeur symbolique. Il veut dire primitivement le père nourricier. Observez aussi que cette légende confirme ce que nous savons déjà du zèle des Slaves pour la pratique de l'hospitalité. Il y a dans ce récit quelque chose à prendre et plus encore à laisser. Ce qu'il y a de certain, c'est que ce Piast a donné son nom — légendaire ou historique — à toute une dynastie ou plutôt à plusieurs dynasties. La première régna dans la grande Pologne et s'éteignit en 1305 dans la personne Vacslav II, qui fut roi de Bohême. Elle se subdivisa plus tard en trois branches : celle de la Petite Pologne, celle de la Cujavie et celle de la Mazovie, qui s'éteignit en 1529 ; celle de la Silésie, qui s'est plus tard subdivisée en deux parties : Haute et Moyenne Silésie, et dont le dernier représentant mourut en 1675.

Le premier prince chrétien des pays polonais est Mieszek (ou Mieczyslaw I, 960-992), qui épousa la princesse tchèque Doubravka et, sous son influence, embrassa le christianisme.

Sur la période païenne de la Russie primitive, nous avons tout un ensemble d'indications fournies par la chronique du moine de Kiev, connu à tort sous le nom de Nestor. Cette chronique nous montre les peuples slaves vivant à l'état de tribus distinctes, d'une façon complètement anarchique.

Les Polianes vi aient en groupes séparés et chacun gouvernait sa famille ; ils vivaient chacun dans sa résidence. Parmi ces Polianes, qui ne faut pas confondre avec les Polonais, pas plus qu'il ne faut confondre la Campine belge ou la Campanie italienne avec la Champagne française, il y avait trois frères qui vivaient chacun avec leur famille. L'un s'appelait Kii et fut le fondateur de la ville de Kiev, qui prit son nom. Ce détail n'est pas invraisemblable.

Parmi les divers peuples slaves gouvernés chacun par un prince indépendant, la chronique mentionne les Drevlianes, habitants des forêts, dont le nom se retrouve chez les Slaves baltiques, les Degrovitches, dont le nom se retrouve en Bulgarie et chez les Slaves de l'Elbe ; les Slaves de Novogorod, l'une des tribus — il y en a plusieurs — qui ont gardé le nom primitif de la race, les Polotchanes, ainsi nommés de la rivière Polota, affluent de la Dvina, les Krivitches, dont la capitale est Smolensk, qui rappelle de nom des Smeldingi ou Smolensi des chroniques germaniques et d'un peuple de Macédoine. Ce nom qui se rattache au mot *smola*, goudron, désigne évidemment des tribus habitant des régions plantées de conifères. Ajoutons encore les Severiens (habitants de la région du Nord — *sever* —) dont le nom se retrouve dans les régions danubiennes. Ajoutez-y les Boujanes, riverains du Boug. Le chroniqueur distingue parfaitement ces peuples slaves des allogènes finnois, ou turcs, qui plus tard se fondirent dans l'unité russe. Il est plus difficile de distinguer les Russes des Polonais. Le chroniqueur sait néanmoins que deux peuples, les Radimitches et les Viatitches, viennent des Lekhs, c'est-à-dire des Polonais, leurs ancêtres ayant été transplantés de leurs pays d'origine.

Il distingue très nettement ces Slaves primitifs de leurs voisins allogènes, turcs, finnois, altaïques. Il signale les mœurs douces et modestes des Polianes, qui ont un respect particulier pour les femmes, la brutalité des Radimitches, des Viatitches et des Sévériens. Il proclame l'esprit anarchique des Slaves et leur inaptitude à savoir se gouverner eux-mêmes. Il n'y avait plus de justice chez eux ; les familles se disputaient contre les familles ; et il y avait des discordes et ils se faisaient la guerre entre eux. Et ils allèrent au-delà de la mer, chez les Varègues appelés Russes et ils leur dirent : Notre pays est grand et riche, mais il n'y a point d'ordre parmi nous ; venez nous régir et nous gouverner... Et trois frères se réunirent avec leurs familles et emmenèrent avec eux tous les Russes ; ils allèrent d'abord chez les Slaves, bâtirent la ville de Ladoga : Rurik s'établit à Ladoga, Sineous sur les bords du lac Blanc et Trouvor à Izorsk.

Ce récit est évidemment imaginé de façon à ménager l'amour-propre national. En réalité, il est probable que les Scandinaves, peuple envahisseur par excellence, profitèrent des désordres de leurs voisins pour pénétrer chez eux et s'y implanter. Ils racontèrent plus tard et firent croire qu'ils étaient venus en invités. Les grands fleuves de la Russie sollicitaient leurs habitudes d'aventuriers de la mer et les amenèrent jusque sous les murs de Constantinople. Ils s'assimilèrent très bien aux indigènes, comme l'ont fait chez nous les Normands de France. Dans le texte du premier traité conclu avec les Grecs au cours de l'année 912, nous ne trouvons parmi les noms des négociateurs russes que des noms scandinaves : Karl, Ingeld, Farlof, Vermond, Roulov, Goudy, Rouald, Karn, Frilof, Rouor, Aktevou, Trouan, Lidoul, Fostenad ; parmi les noms des premiers princes, nous relevons comme scandinaves ceux de Rurik, d'Igor, d'Oleg, et des princesses Olga et Rognieda. Ainsi ce sont des allogènes scandinaves qui ont organisé la Russie primitive ; actuellement ce sont d'autres allogènes qui sont en train de la détruire.

Parmi les peuples qui, au Xe siècle, confinent à la Russie païenne, figurent des Kozars, qui offrent le spectacle assez rare d'un peuple chez qui la propagande judaïque avait fait des progrès considérables. Ces Kozars, d'après la chronique dite de Nestor, avaient eu l'idée de convertir le prince Vladimir au judaïsme. Le dialogue que nous rapporte le chroniqueur est assez piquant. Les Kozars judaïsants viennent prêcher la foi au Dieu unique, le Dieu d'Abraham, d'Isaac et de Jacob. Vladimir leur demande : Quelles sont vos observances ? Ils répondirent : La circoncision, l'abstinence de la chair de porc et de lièvre, la célébration du sabbat. Il leur demande encore : Et où est votre pays ? Ils répondirent : A Jérusalem. Nouvelle question : Est-ce que vous y habitez maintenant ? Ils répondirent : Dieu s'est irrité contre nos pères et il nous a dispersés par le monde pour nos péchés et notre pays a été livré aux chrétiens. Il réplique : Comment enseignez-vous les autres, étant vous-mêmes rejetés de Dieu et dispersés par lui ? Si Dieu vous aimait, vous et votre loi, vous ne seriez pas dispersés dans les pays étrangers. Voulez-vous que ce mal nous arrive aussi ? Le raisonnement de Vladimir est assez piquant et j'imagine que Voltaire aurait eu plaisir à le relever. Les Juifs karaïtes, héritiers de ces Kozars judaïsants, existent toujours en Russie, où leur total représente environ 7.000 âmes. Ils vivent en Crimée et dans le gouvernement de Khorson et de Volynie. Ils débordent sur le territoire de l'ancienne Pologne (région de Kovno et de Vilna). Il y en a même à Troki, et Trotski est peut-être un des leurs.

Nous avons dit plus haut que la monogamie était généralement en usage chez les Slaves païens. Avant sa conversion,

Vladimir fut un polygame très pratiquant. La chronique que nous venons de citer nous mentionne (chapitre XXXVIII de ma traduction) les idoles auxquelles il rendit un culte solennel, Peroun, dont la statue avait une tête d'argent et une barbe d'or, Khors, Dajbog, Simargl et Mokoch. Elle nous donne aussi la liste de ses femmes. De la Scandinave Rognieda, son épouse légitime, il eut quatre fils et deux filles ; d'une Grecque, il eut un fils, Sviatopolk ; d'une Tchèque, un fils, Vychesa ; d'une autre Tchèque trois fils, Sviatoslav, Mstislav et Stanislav ; d'une Bulgare, Boris et Gleb. Et il avait trois cents concubines à Vychegorod, trois cents à Bielogorod, deux cents à Berestovo. Insatiable de débauche il séduisait les femmes mariées, et faisait violence aux jeunes filles, car il était débauché comme Salomon, qui eut sept cents femmes et trois cents concubines. Il était temps que le christianisme vînt mettre un frein à cette luxure déchaînée. Le Vladimir que nous dépeint la chronique russe constitue une monstrueuse exception dans l'histoire morale de la période qui nous intéresse.

CHAPITRE XII

LES ARTS

Un trait caractéristique de la race slave, c'est sa passion pour la musique et la danse.

Nous avons à ce sujet un témoignage caractéristique. C'est celui de l'écrivain byzantin Thophylacte, l'historien de l'empereur Maurice (582-602). Il raconte que dans le courant de l'année 590, on arrêta en Thrace trois étrangers. Ils portaient chacun une cithare, c'est-à-dire probablement une gusla, cette sorte de violon monocorde dont les chanteurs slaves des pays balkaniques soutiennent leur voix. Ils racontèrent qu'ils étaient originaires des côtes de l'Adriatique — ce qui veut dire Serbes ou Croates. Ils ajoutèrent que leur pays ne connaissait pas l'usage des armes, qu'il ne produisait pas de fer, qu'ils ne connaissaient même pas l'emploi de la trompette.

Entre nous, je les soupçonne d'avoir été des espions ou des explorateurs. Ce que je veux noter simplement ici, c'est le rôle de la gusla. Au surplus ce n'étaient peut-être que des chanteurs ambulants. Les écrivains arabes nous assurent que les Slaves pratiquaient d'autres instruments que la cithare et en donnent même la liste. Cette gusla, que portaient les trois voyageurs, sert encore aujourd'hui à accompagner les épopées populaires, dont quelques-unes remontent évidemment aux époques préhistoriques. Mais ce sont là des problèmes qui sortent du cadre de ce livre.

Les Slaves avaient-ils quelque notion de l'écriture ? Je n'hésite pas à répondre négativement, en dépit de quelques témoignages qu'il y a lieu de discuter. On invoque celui de l'empereur Constantin Pophyrogénète, qui, sous la date de 635, nous apprend que les Croates, après leur baptême, engagèrent par écrit leur fidélité à l'empereur byzantin. Il est probable que l'acte fut rédigé en latin ou en grec et signé ou revêtu d'un simple croix par tel indigène qui savait une langue étrangère. Un autre témoignage est celui du chroniqueur germanique Thietmar (xi⁰ siècle), qui a raconté que dans le temple de Rhetra s'élevaient des idoles qui portaient chacune le nom gravé de la divinité dont elles étaient la représentation (dii manu facti, singulis nominibus insculptis). Cette indication est fort douteuse et due probablement à l'imagination de Thietmar. A quoi bon graver des noms pour des fidèles qui sont complètement illettrés ! Remarquons à ce propos que les Slaves n'ont pas même dans leur langue de mot indigène pour dire livre; le mot *kniga*, apparenté au magyar *könyv*, au mordvine *konov*, papier, est d'origine turque, comme l'a démontré Berneeker dans son dictionnaire étymologique des langues slaves.

Thietmar nous déclare que ces idoles étaient d'une merveilleuse exécution, *mirifice insculpta*. Il y a lieu de faire toutes réserves sur ce témoignage plus que suspect. On trouvera dans ma *Mythologie slave* (pp. 221 et suivantes) la reproduction de quelques idoles considérées comme slaves. Elles sont d'une barbarie repoussante. Herbord, l'historien d'Otto de Bamberg, rend un témoignage analogue à l'un des continæ ou temples païens de la ville de Stettin.

Ce témoignage me paraît empreint de quelque exagération.

Il y avait, dit-il, dans la ville de Stettin, quatre temples. Le principal d'entre eux était construit avec une élégance et un art merveilleux. Il avait à l'intérieur et à l'extérieur des sculptures en bas-reliefs, représentant des hommes, des oiseaux, des bêtes tellement bien rendues dans leurs attitudes qu'elles avaient l'air de respirer et de vivre. Et, ce qui me paraît rare, les couleurs des images sur les parois extérieures ne pouvaient être obscurcies ou dissoutes par aucune tempête de neige ou de pluie, cela grâce à l'industrie des peintres (II, 32). Ceci est de la légende pure et simple. Qu'on se reporte aux spécimens absolument barbares que j'ai reproduits dans ma *Mythologie slave*. Les originaux de ces statues monstrueuses figurent pour la plupart au Musée de Dantzig — le Gdansk des Polonais — Comparez à ces plates réalités les splendides imaginations du géographe arabe, Masoudi, au tome IV de ses *Prairies d'or*.

« Il y avait chez les Slaves plusieurs monuments sacrés. L'un était bâti sur une des montagnes les plus hautes de la terre, au dire des philosophes. On vante l'architecture du monument, la disposition habile et les couleurs variées des pierres qu'on y avait employées, les mécanismes ingénieux placés sur le faîte de l'édifice, de façon a être mis en jeu par le soleil levant, les pierres précieuses et les œuvres d'art qui s'y conservaient, lesquelles annonçaient l'avenir et mettaient en garde contre les calamités de la fortune avant leur accomplissement ; on cite enfin les voix qui se faisaient entendre du haut du temple et l'effet qu'elles produisaient sur les assistants.

Un autre temple avait été construit par un de leurs rois sur la Montagne noire.

J'arrête ici la citation pour faire remarquer que cette Montagne noire n'avait rien de commun avec le Monténégro. Un orientaliste russe, M. F. Westerg, dans un travail publié au *Bulletin* de l'Académie des Sciences de Saint-Pétersbourg (1899, tome XI, n° 5, p. 212), s'est occupé de ce passage de Masoudi. Il suppose qu'il ne s'agit point des Slaves et que le temple en question devait être situé dans le Caucase. Mais il oublie que les Russes païens — en les supposant établis au Caucase, au temps de Masoudi — ne construisaient point de temples.

Je reprends la citation :

« Ce temple était entouré de sources merveilleuses, dont les eaux différaient de couleurs et de goût et renfermaient toutes sortes de propriétés bienfaisantes. »

A la rigueur ces lignes pourraient s'appliquer aux monts de Bohême, aux Karpathes, au Caucase. Mais les détails qui suivent sont tellement invraisemblables qu'ils attestent chez le géographe arabe une véritable débauche d'imagination.

Je reprends la citation :

« La divinité adorée dans ce temple était une statue colossale représentant un vieillard tenant un bâton avec lequel il évoquait les squelettes hors de leurs tombeaux. Sous son pied droit on voyait des espèces de fourmis ; sous son pied gauche, des oiseaux au plumage noir, tels que des corbeaux, et d'autres oiseaux et des hommes d'une forme qui appartenait à la race des Abyssins.

Un troisième temple s'élevait sur un promontoire entouré par un bras de mer ; il était bâti en blocs de corail rouge et d'émeraude verte. Au centre, se dressait une haute coupole, sous laquelle on avait placé une idole, dont les membres étaient formés de quatre pierres précieuses, de béril, de rubis rouge, d'agate jaune et de cristal de roche. La tête était en or pur. »

Ce détail, à la rigueur, peut rappeler la barbe d'or de Peroun. Tout le reste est de la fantaisie pure.

« Une autre statue placée en face représentait une jeune fille qui lui offrait des sacrifices et des parfums. Les Slaves attribuaient l'origine de ce temple à un de leurs sages qui vivaient à une époque reculée. »

Toute cette description est de la fantaisie pure et je ne l'ai citée qu'à titre de curiosité.

CHAPITRE XIII

LES RELATIONS INTERNATIONALES

La chronique primitive de la Russie, connue sous le nom de Nestor, nous donne le texte d'un certain nombre de traités conclus entre les Russes païens et l'empire de Constantinople. Ces traités ont été signés par des députés qui portent tous des noms scandinaves et qui savaient évidemment lire et écrire le grec. Aucun Slave ne figure parmi eux. Ils ont dû être rédigés dans les deux langues grecque et russe. Malheureusement, il ne nous en est resté que la traduction russe, qui porte d'ailleurs des traces d'hellénisme byzantin. L'auteur de ce volume les a donnés intégralement dans son édition française de la Chronique de Nestor. L'ouvrage est difficile à trouver aujourd'hui dans le commerce. Nous les reproduisons donc ici, en y joignant quelques explications nécessaires.

Au cours des années 899-911, le prince russe, ou plutôt scandinave slavisé, Oleg, entreprend une expédition contre Constantinople. Il emmène avec lui des Varègues — qui sont des Scandinaves — des Slaves, des Tchoudes — qui sont des Finnois, — des Périens, qui sont également des Finnois, des Polianes, des Severiens, des Drevlianes, des Radimitches, des Croates, des Doulèbes et des Tivertsiens, qui sont tous de nationalité slave. En somme, les Slaves sont en majorité dans cette expédition, et c'est leur chef Oleg qui appartient à la tribu des Varègues scandinaves. Il est sollicité de traiter de la paix par les empereurs grecs Léon et Alexandre. Les délégués qu'il leur envoie portent tous des noms scandinaves : Karl, Farlof, Vermoud, Roulav, Stemid. Ils vont réclamer aux Grecs un tribut, ce que nous appellerions aujourd'hui une indemnité de guerre. Oleg réclame, pour ses deux mille bateaux, douze grinas — ou pièces de monnaie — par équipage et en outre des tributs particuliers pour certaines villes, pour Kiev, pour Tchernigov et Pereïaslav, pour Polotsk, pour Rostov, pour Loubetch, et pour d'autres villes où résidaient des princes russes, ses vessaux.

Voici un article qui ressemble un peu à une clause de traité de commerce : Quand les Russes viennent (en ambassade), qu'ils reçoivent tout ce qui leur est dû. Quand viennent des marchands, qu'ils reçoivent pendant six mois du pain et du vin, des poissons et des légumes et des bains autant qu'ils le voudront. Quand un Russe retournera chez lui, notre empereur lui donnera des vivres pour sa route, et des ancres et des cordes et des voiles et tout ce dont il aura besoin.

Au cours de l'année 912, Oleg envoie des ambassadeurs pour conclure une paix définitive. Ces ambassadeurs portent encore des noms scandinaves : Karl, Ingold, Farlo, Vermoud, Roulav, Goudy, Rouald, Frilof, Rouav, Aktevou, Trouan, Lidoul, Fost, Stemid. Il n'y a, parmi eux, pas un seul slave, ce qui ne nous donne pas une haute idée de la culture intellectuelle des Slaves de Russie à cette époque.

Ces Scandinaves sont accrédités au nom d'Oleg, grand

prince de la Russie et de tous ses sujets, princes grands et illustres et grands boïars.

Voici les articles de paix qu'apportent ces envoyés.

« En ce qui touche les dommages, nous convenons de ce qui suit :

S'il y a des preuves évidentes de dommage, il faut en faire un rapport fidèle, et celui à qui on ne prêtera pas créance, qu'il jure, et dès qu'il aura prêté serment, suivant sa religion, que la peine suive en raison de l'injure. Si un Russe tue un chrétien ou un chrétien un Russe, qu'il périsse là où il a commis le meurtre. S'il s'enfuit après le meurtre et s'il est riche, alors que le plus proche parent du défunt prenne une part de ses biens et que la femme du défunt prenne ce qui restera, suivant la loi. Si l'auteur du meurtre est pauvre et qu'il se soit enfui, qu'on l'assigne jusqu'à ce qu'il soit de retour et qu'il meure. Si quelqu'un frappe avec une épée ou avec un instrument, pour le coup ou la blessure, il paiera cinq livres d'argent, suivant la loi russe ; si c'est un pauvre qui est coupable, qu'il donne ce qu'il pourra, qu'il soit même dépouillé de ses habits ordinaires, et en outre qu'il jure, suivant sa religion, qu'il n'y a personne qui puisse lui venir en aide, et alors qu'on cesse de le poursuivre.

Si un Russe vole un chrétien, si un chrétien vole un Russe et que le volé saisisse le voleur en flagrant délit, et que celui-ci résiste et soit tué, ni les Russes, ni les chrétiens ne poursuivront le meurtre et la partie lésée reprendra ce qu'elle a perdu ou, si le voleur se livre, que le volé le prenne et le lie et il rendra le triple de ce qu'il a volé. Si un Russe a fait quelque violence à un chrétien ou un chrétien à un Russe, et prend quelques objets par force, ouvertement, qu'il en paye trois fois la valeur.

Si une tempête jette un bateau grec sur un rivage étranger et qu'il s'y trouve quelqu'un de nous Russes, qu'on vienne au secours du bâtiment et de sa cargaison, qu'on l'envoie ensuite dans un pays chrétien, et qu'on le conduise à travers tous les endroits dangereux, jusqu'à ce qu'il soit en sûreté ; si le vaisseau, retenu par la tempête ou par quelque obstacle venant de la terre, ne peut arriver à destination, nous, Russes, donnerons secours aux rameurs de ce bâtiment et l'amènerons avec sa cargaison tout entière, si cela se produit auprès de la terre grecque ; si un pareil accident arrive à un bâtiment auprès de la terre russe, nous le conduirons à la terre russe ; puis on vendra tout ce qui peut se vendre de la cargaison de ce vaisseau, après que nous, Russes, l'aurons tirée du vaisseau ; puis quand nous irons en Grèce, soit pour faire le commerce, soit en ambassade le votre empereur, nous rendrons avec honneur le prix de la cargaison. Mais, s'il arrivait que quelqu'un du vaisseau grec ait été tué ou frappé par nous, Russes, ou qu'on lui ait pris quelque chose, alors ceux qui auraient accompli cet acte doivent encourir la peine ci-dessus énoncée.

Si un prisonnier russe ou grec se trouve vendu en pays étranger et qu'il se rencontre un Russe ou un Grec, qu'il le rachète et le renvoie dans son pays, et qu'on lui rende le prix du rachat, ou qu'on lui compte dans ce prix celui du travail que le prisonnier racheté à fait chaque jour. Si quelqu'un à la guerre devient prisonnier des Grecs, on le renverra dans sa patrie et on paiera pour lui, ainsi qu'il a été dit, suivant sa valeur. Si l'empereur va à la guerre quand vous faites une expédition et que les Russes veuillent honorer votre empereur en se mettant à son service, que tous ceux qui voudront aller avec lui et rester près de lui, le fassent librement.

Si un Russe, d'où qu'il vienne, est fait esclave et rentre en Grèce, si un Grec, d'où qu'il vienne, est venu en Russie, il peut être racheté pour vingt livres d'or et retourner en Grèce ou en Russie. Si un esclave russe est volé, ou s'enfuit, ou s'il est vendu par force et que le propriétaire russe le réclame et que la justesse de sa réclamation soit démontrée, qu'on le reprenne en Russie. Et si des marchands perdent un esclave et le réclament, qu'ils le cherchent et le reprennent après l'avoir trouvé. Si quelqu'un ne laisse pas faire cette recherche au représentant du marchand, qu'il perde lui-même son esclave.

Si quelqu'un des Russes qui servent en Grèce chez l'empereur chrétien meurt, sans avoir disposé de son bien, et s'il n'a pas de parents en Grèce, que son bien soit rendu à ses parents en Russie. S'il a pris quelque disposition, celui-là recevra son bien qu'il a institué par écrit son héritier et que ce légataire prenne cet héritage des Russes qui font le commerce en Grèce ou d'autres personnes qui vont en Grèce et qui ont des comptes dans ce pays.

Si un malfaiteur passe de Russie en Grèce et que les Russes le réclament à l'empereur chrétien, qu'il soit pris et reconduit, même malgré lui, en Russie. Que les Russes fassent de même pour les Grecs s'il arrive quelque chose de pareil.

Et pour confirmer de façon inébranlable cette paix entre vous, chrétiens, et nous Russes, nous avons fait écrire ce traité par Ivan, sur une double feuille, qui a été signée par votre empereur, de sa propre main ; en présence de la croix sainte et de la sainte et indivisible Trinité de votre vrai Dieu, et a été sanctionnée et remis à nos ambassadeurs. Et nous, nous avons juré à votre empereur qui règne sur vous par la volonté de Dieu, et d'après la loi et les usages de notre peuple que nous ne nous écarterons pas, nous, ni aucun des nôtres, des conditions de paix et d'amour arrêtées entre nous. Et nous avons donné cet écrit à votre gouvernement pour être confirmé par une entente commune, à l'effet de confirmer et d'annoncer la paix conclue entre nous, la deuxième semaine du mois de septembre, de l'année de la création du monde 6420 (autrement dit 912). »

On remarquera dans ce texte l'extraordinaire discrétion des Russes païens dans l'expression de leurs sentiments religieux. Il semble qu'ils aient voulu, autant que possible, les dissimuler. Ils seront plus affirmatifs dans le traité suivant, qui date de l'année 943. Ce traité est conclu sous le règne du prince Igor, qui ne porte pas encore un nom slave. Igor représente une forme scandinave, Ingvar. Au cours de l'année 944, Igor entreprend une nouvelle campagne contre Constantinople. Il a sous ses ordres des Varègues, c'est-à-dire des Scandinaves, des Russes — c'est-à-dire encore des Scandinaves peut-être déjà en partie slavisés · — des Polianes, dès Slaves, des Krivitches, peuples slaves et des auxiliaires petchénègues. Ceux-ci appartiennent à un peuple turc que saint Bruno, dans une lettre datée de l'année 1008, appelle poganorum crudelissimos. L'empereur de Constantinople s'effare à la seule idée de cette formidable armée et fait dire au prince russe : « Ne viens pas, mais prends le tribut que prenait Oleg ; j'ajouterai encore à ce tribut. » L'empereur envoie même aux auxiliaires petchénègues des étoffes et de l'or.

L'année suivante, les deux empereurs, Roman Constantin et Stéphane, éprouvent le besoin de se garantir contre de nouvelles invasions en renouvelant l'ancien traité. Cette fois encore les mandataires des Russes sont des Scandinaves. Je cite quelques noms au hasard et je renvoie, pour le détail, à mon édition française de la chronique de Nestor (p. 36) : Sloudy, Oulbe, Kanimar, Bern, Alvad, Froudy, etc. Il n'y a pas encore un Slave : c'est évidemment que les Slaves sont toujours complètement illettrés. Or il s'agit d'*écrire* les conventions sur le papier, ainsi que le rapporte la chronique ; ils ne représentent pas moins de 33 princes différents. Et les innombrables soviets de la Russie actuelle pourront, si jamais ils reprennent des relations avec le monde civilisé, s'inspirer de ce lointain précédent.

Le traité est ainsi libellé :

« Notre grand prince Igor et ses princes et boïars et tous les peuples russes nous ont envoyés aux empereurs de Grèce pour lier amitié avec ces empereurs, avec tous leurs officiers, avec tout le peuple grec à jamais, tant que le soleil brillera et que le monde subsistera. S'il en est du côté des Russes qui cherchent à troubler cette amitié, que ceux qui ont reçu le baptême soient punis par Dieu tout puissant et condamnés à la perdition dans cette vie et dans l'autre. S'il en est de non baptisés, qu'ils ne reçoivent de secours ni de Dieu, ni de Peroun ! Qu'ils ne soient pas couverts par leur bouclier, qu'ils soient égorgés par leurs épées, par leurs flèches, par leurs autres armes, et qu'ils soient esclaves durant tout le siècle à venir. »

On remarquera ici la mention du Dieu païen Péroun et la mention des Russes chrétiens. Il semble qu'à cette époque les Russes aient pratiqué une tolérance qui touchait d'assez près à l'indifférence. C'est la lutte acharnée contre les Polonais catholiques, qui devait les amener plus tard à une sorte de fanatisme national. Ce fanatisme, au fond, était plus politique que religieux. Je reprends notre texte :

« Le grand prince de Russie et ses boïars peuvent envoyer en Grèce aux grands empereurs grecs autant de vaisseaux qu'il leur plaira, avec des ambassadeurs et des marchands. Jusqu'ici les délégués portaient un sceau d'or et les marchands un sceau d'argent. Aujourd'hui notre prince (russe) a déclaré qu'il enverrait un message à l'empereur. Si les ambassadeurs et les marchands sont envoyés par lui, ils devront apporter un écrit dans lequel sera exprimé combien de vaisseaux il a envoyés, afin que nous apprenions d'eux qu'ils viennent avec la paix; mais s'ils viennent sans écrit (1) on nous les livrera pour que nous les gardions et nous avertirons votre prince. S'ils ne veulent pas se rendre et se défendent, ils seront tués, et leur mort ne donnera lieu à aucune réclamation de la part de votre prince. S'ils s'enfuient et s'en vont en Russie, nous écrirons à votre prince et il les traitera comme il lui plaira.

Si un Russe vient sans marchandises, il ne recevra pas de subside mensuel. Le prince donnera des ordres à ses envoyés et aux Russes qui viennent ici, pour qu'il ne commettent aucun excès dans les villages et dans notre pays. A leur arrivée ils iront à Saint-Mammas et notre empereur enverra quelqu'un pour inscrire leurs noms. Alors ils recevront leurs subsides ; les ambassadeurs, celui d'ambassadeurs et les marchands le subside ordinaire ; d'abord ceux de Kiev, puis ceux de Tchernigov et de Pereïaslav et des autres villes. Ils doivent entrer dans la ville par une seule porte avec un homme de l'empereur, sans armes, par groupes de cinquante hommes, s'occuper de leur commerce suivant leurs intérêts et s'en aller. L'officier impérial les protègera et, si quelque Russe ou quelque Grec fait quelque tort, il le redressera. Le Russe, en entrant dans la ville, ne peut acheter de soie pour plus de cinquante pièces d'or et, cette étoffe qu'il

____

(1) Autrement dit sans passeports, sans lettres de créance.

achète, il doit la montrer à l'officier impérial et celui-ci la scellera et la lui rendra. Et les Russes, en partant, recevront de nous des vivres pour la route, autant qu'il est besoin et ce qui leur est nécessaire pour leurs vaisseaux, ainsi qu'on l'a établi autrefois. Ensuite qu'ils retournent heureusement dans leur pays, mais ils n'ont pas le droit de passer l'hiver à Saint-Mammas.

« Si un esclave s'enfuit de la Russie et qu'on vienne le chercher dans notre empire, ou s'il s'enfuit de Saint-Mammas, qu'on le saisisse ; mais, si on ne le trouve pas, alors les Russes chrétiens feront serment suivant leur foi et les non chrétiens suivant leur coutume et alors ils recevront le prix fixé, deux pièces de soie par esclave.

« Si dans le peuple de notre empire ou de notre capitale ou des autres villes, un esclave s'enfuit chez nous et emporte quelque chose, renvoyez-nous le et, si ce qu'il a emporté se retrouve dans son intégrité, retenez dessus deux pièces d'or.

« Si un Russe essaie de prendre quelque chose chez le peuple de notre empereur, il sera puni fortement et paiera le double de ce qu'il aura pris. Et si un Grec fait cela à un Russe, il aura la même punition. Si un Russe vole quelque chose à un Grec, ou un Grec à une Russe, il est juste qu'il rende non seulement la chose elle-même, mais le prix de cette chose. Si l'objet volé a été vendu, il paiera le double du prix et il sera puni suivant la loi grecque et suivant la coutume et la loi russe.

« Si un Russe nous amène des prisonniers chrétiens de notre pays, si c'est un jeune homme ou une jeune fille adulte, on paiera dix pièces d'or pour leur rachat ; si ce sont des gens d'âge moyen, on paiera huit pièces d'or ; si c'est un enfant ou un vieillard, on donnera cinq pièces d'or.

« S'il se trouve chez les Grecs des Russes réduits en esclavage, les Russes pourront les racheter pour dix pièces d'or. Si un Grec les a achetés et qu'il en fasse serment sur la croix, il faut lui rendre le prix qu'il a donné pour eux.

« En ce qui concerne la Khersonnèse et ses villes, le prince russe n'y fera pas la guerre ; il ne ravagera pas ce pays et ce pays ne lui sera pas soumis.

« Si le prince russe nous demande des soldats pour la guerre, nous lui en donnerons autant que besoin sera. Si les Russes trouvent un vaisseau grec jeté quelque part par la tempête, ils ne lui feront aucun tort ; celui qui enlèvera quelque chose de ce vaisseau, qui emmènera un homme en captivité ou le tuera, sera jugé suivant la loi russe et grecque. Si les Russes trouvent des Khersonnésiens pêchant à l'entrée du Dniéper, qu'ils ne leur fassent aucun mal. Les Russes ne pourront passer l'hiver à l'entrée du Dniéper, à Bieloboreg si à Saint-Eleuthère, mais, quand viendra l'automne, ils devront retourner chez eux en Russie.

« Quant aux Bulgares noirs qui viennent ravager la Khersonnèse, nous invitons les princes de Russie à ne pas leur permettre de faire tort à cette contrée. S'il arrive que quelque crime soit commis par les Grecs, sujets de notre empire, vous n'avez pas le droit de le punir, mais chacun sera puni par l'ordre de notre souverain en raison de ses délits.

« Si un chrétien tue un Russe, ou un Russe un chrétien, alors le meurtrier sera retenu par les parents qui le tueront. Si le meurtrier s'enfuit, et s'il est riche, les parents de la victime prendront ses biens. Si le meurtrier est pauvre et s'enfuit, qu'on le cherche jusqu'à ce qu'on le trouve et, quand on l'aura trouvé, qu'il soit mis à mort. Si un Russe frappe un Grec ou un Grec un Russe avec une épée, une lance, ou une arme quelconque, il paiera pour ce fait cinq livres d'argent, suivant la loi russe : s'il est pauvre, que tout ce qu'il a soit vendu et qu'on lui ôte même les habits avec lesquels il marche ; enfin qu'on lui fasse jurer, suivant sa foi, qu'il n'a rien et alors qu'on le relâche.

« Si notre empereur a besoin de soldats pour combattre nos ennemis, nous écrirons à votre grand prince et il nous enverra autant de soldats que nous voudrons, et les autres pays apprendront ainsi que l'amitié existe entre les Grecs et les Russes. »

Voici maintenant les formules protocolaires qui terminent le document.

« Nous avons écrit ces articles en double exemplaire et l'un de ces exemplaires est chez notre gouvernement impérial ; sur l'un figurent la croix et nos noms, sur l'autre ceux de vos députés et de vos marchands. Et en s'en allant, avec l'ambassadeur de notre empire, ils doivent le conduire au grand prince russe Igor et à son peuple qui, après avoir reçu le document, jureront qu'ils observeront exactement tout ce qui est écrit sur cette feuille, où nos noms sont mis.

« Nous donc, chrétiens, nous avons juré en la chapelle de Saint-Elie, dans l'église cathédrale, sur la croix sainte qui se trouvait devant nous, et sur cette feuille, d'observer tout ce qui est écrit dessus et de ne nous en écarter en rien, et quiconque de nous s'en écartera, prince ou autre, baptisé ou non, qu'il ne reçoive aucun secours de Dieu, qu'il soit esclave dans cette vie et dans la vie future, qu'il périsse par ses propres armes. Et les Russes non chrétiens déposeront leurs boucliers et leurs épées nues, leurs brassards et leurs autres armes, et ils jureront que tout ce qui est écrit sur cette feuille sera observé par Igor et par tous ses boïars et par tout le peuple russe, dans tous les temps et à jamais. Si donc quelque prince ou quelqu'un du peuple russe viole ce qui est écrit sur cette feuille, il méritera de mourir par ses armes, d'être maudit de Dieu et de Peroun, comme ayant violé son serment. Tant que le grand prince Igor sera vivant, il veillera à ce que cette amitié soit inébranlable et se maintienne tant que le soleil brillera, tant que le monde durera, maintenant et à jamais. ».

Le paragraphe suivant nous initie au protocole avec lequel la paix fut proclamée. Les envoyés russes reviennent dans leur patrie avec des ambassadeurs grecs et on répète au prince ce qu'ont dit les empereurs ; les ambassadeurs ont reçu le serment de nos empereurs, qui nous ont envoyé pour recevoir ton serment et celui de tes hommes. Le lendemain matin, Igor appela les ambassadeurs et alla vers la colline où se dressait Peroun ; ils déposèrent leurs boucliers, leurs armes, et leur or, et Igor fit le serment, ainsi que deux de ses hommes, qui étaient des Russes païens et les Russes chrétiens firent le serment à la chapelle de Saint-Elie ; c'était une église cathédrale, car beaucoup de Varègues étaient chrétiens. Quand Igor eut confirmé la paix avec les Grecs, au moment de congédier les ambassadeurs, il leur fit cadeau de peaux, d'esclaves, de cire, et les congédia.

Nous n'avons malheureusement le texte de ce précieux document que dans la traduction en ancien russe du prétendu Nestor. Je prie le lecteur de remarquer le rôle que joue le Peroun slave parallèlement à celui de saint Elie, qui devait le remplacer dans les rites populaires (voir le chapitre consacré à la religion).

Nous retrouverons encore Peroun en compagnie d'un autre dieu païen, dans le traité conclu en 971 entre le prince russe Sviatoslav (969-972) et l'empire byzantin. Sviatoslav marche d'abord contre les Bulgares, leur prend la ville de

Pereïaslav et envoie dire aux Grecs : « Je veux aller chez vous et prendre votre ville, comme j'ai pris celle des Bulgares. » Et les Grecs dirent : « Nous ne sommes pas capables de vous résister, mais accepte de nous un tribut pour toi et tes compagnons. » Dites-nous combien vous êtes, afin que nous puissions vous donner tant par tête ». Les Grecs disaient cela pour tromper les Russes ; car ils sont rusés encore aujourd'hui. Sviatoslav leur répondit : « Nous sommes au nombre de vingt mille. » Or, il en ajoutait dix mille ; car il n'y avait que dix mille Russes. Les Grecs épouvantés arment cent mille hommes qui sont défaits par les dix mille Russes. Ici l'honnête chroniqueur dépasse évidemment les bornes de la vraisemblance. Je reprends la suite de son récit, qui prend des allures de légende épique.

« Sviatoslav s'avança contre la capitale, ravageant tout et détruisant les villes. Aujourd'hui encore (c'est-à-dire au début du XIIe siècle), elles sont désertes. Et l'empereur convoque ses boïars au palais et dit : « Qu'avons-nous à faire ? Nous ne pouvons leur résister. Et les boïars disent : Envoie-lui des présents. Voyons s'il aime l'or et les étoffes. Et il lui envoya de l'or, et des étoffes et un homme sage auquel il dit : Observe ses yeux, son visage et sa pensée. Cet homme prit les présents et alla chez Sviatoslav... Ils vinrent, s'inclinèrent devant lui, déposèrent de l'or et des étoffes et Sviatoslav, sans même regarder ces présents, dit à ses serviteurs : Gardez cela. Les serviteurs de Sviatoslav prirent ces présents, et les mirent de côté, et les envoyés de l'empereur revinrent auprès de lui. Et l'empereur appela son conseil et les conseillers dirent : Quand nous sommes venus devant lui et que nous avons déposé nos présents, il ne les a même pas regardés. Il a seulement ordonné de les mettre de côté. Et l'un des conseillers lui dit : Essaye encore et envoie-lui des armes. Il l'écouta et lui envoya une épée et d'autres armes et on les lui apporta. Il les prit, les loua, les contempla avec satisfaction et ordonna de saluer l'empereur. »

Notez ici comme un ressouvenir de l'épopée homérique. Rappelez-vous l'épisode d'Achille envoyé à Scyros par sa mère et vivant avec les filles du roi, sous des vêtements féminins. Ulysse le découvre sous son déguisement et l'oblige à trahir son sexe en lui présentant des armes.

Les envoyés, continue la chronique, revinrent auprès de l'empereur et lui dirent ce qui s'était passé ; et les conseillers dirent : Cet homme est farouche ; il ne fait pas attention aux richesses et prend les armes. Paie-lui tribut.

Sviatoslav reçoit le tribut, mais il réfléchit que son armée n'est pas assez nombreuse, qu'il est menacé d'autre part par les Petchénègues, et il se décide à conclure un traité avec l'empereur.

Ce document est ainsi conçu :

« Conformément au précédent traité conclu entre Sviatoslav, grand prince de Russie et Jean, surnommé Zimitsscés... moi, Sviatoslav, prince russe, ai juré et par la présente convention je confirme mon serment. Je veux avoir paix et amitié constante avec tous les grands empereur grecs, avec tous vos peuples, et de même tous les Russes qui me sont soumis, boïars et autres, à jamais.

« Jamais je ne m'attaquerai à votre pays, je ne rassemblerai point d'armée, je ne conduirai pas de peuple étranger contre vous, ni contre ceux qui sont soumis au gouvernement grec, ni contre la Chersonnèse, et vos villes, ni contre le pays des Bulgares. Et si quelque autre s'attaque à votre pays, je marcherai contre lui et je le combattrai. Comme je l'ai juré aux empereurs grecs, ainsi l'ont juré les boïars et toute la Russie, et nous garderons les conventions présentes. Si donc nous n'observons pas ce que nous avons énoncé plus haut, moi et tous ceux qui sont sous ma puissance, soyons maudits par Dieu, en qui nous croyons, par Peroun et Volos, dieu des troupeaux. Devenons jaunes comme de l'or et périssons par nos propres armes. »

Devenons jaunes comme de l'or. C'est-à-dire, suivant les uns, soyons frappés de la jaunisse ; suivant les autres, soyons desséchés, brûlés par le feu du ciel.

Le texte du traité conclut ainsi : « Regardez comme vôtre ce que nous avons dit avec vous et ce que nous avons écrit sur ces feuilles et scellé de nos sceaux. »

On remarquera dans ce traité, à côté du nom de Peroun, sur lequel nous avons déjà appelé l'attention, l'intervention de Volos, dieu des troupeaux. Cette intervention atteste le rôle considérable que cette divinité jouait dans le Panthéon russe et prête sans doute plus d'autorité au traité signé sous le patronage de deux divinités.

Ces différents traités ont été étudiés par un illustre jurisconsulte, mon regretté confrère M. Rodolphe Dareste, dans son volume *Etudes d'histoire du Droit* (Paris, 1889), et ils lui ont inspiré quelques réflexions que je crois devoir reproduire :

« Les dispositions que nous venons d'analyser nous fournissent des données certaines sur l'état de la société russe au Xe siècle. Le droit primitif de la vengeance privée a déjà fait place à la justice sociale, infligeant une peine au nom du souverain. Toutefois il reste encore une trace profonde de l'idée ancienne. C'est la poursuite du crime par les parents de la victime et la faculté de rachat laissée au meurtrier. C'est encore le droit de tuer sans jugement le voleur pris en flagrant délit. C'est enfin le caractère de la preuve où le jugement de Dieu apparaît encore, sinon sous la forme barbare du fer rouge et de l'eau bouillante, du moins sous la forme du serment que les Grecs pouvaient admettre. Nous savons d'ailleurs, par le témoignage d'un savant arabe qui visita la Russie à cette époque, que le duel judiciaire y était pratiqué partout. Lorsqu'un Russe est en procès avec un autre, dit Ibn Dasta, il le cite au tribunal du prince ; et tous deux se présentent devant lui ; lorsque le prince a rendu sa sentence, on exécute ses ordres ; si les deux parties sont mécontentes de son jugement, alors elles sont obligées par lui de décider l'affaire par les armes. C'est celui dont le sabre est le plus tranchant qui a gain de cause. Au moment du combat, les proches des deux adversaire arrivent en armes et entourent le champ clos. Les combattants en viennent alors aux mains, et le vainqueur peut imposer au vaincu telles conditions qu'il lui plaît. »

LE RÔLE DE LA FEMME. — PRINCESSES LÉGENDAIRES

Les femmes ne sont pas considérées chez les Slaves comme des êtres inférieurs. Elles sont l'objet de respect et d'égards. Elles sont généralement chastes. Parfois elle accompagnent leurs maris dans les combats. Elles se refusent à lui survivre et se font brûler sur le bûcher qui consume sa dépouille. Sur ce point, le témoignage de Boniface — qui en général n'aime guère les Slaves — s'accorde avec celui des Byzantins comme les empereurs Maurice et Léon, et des écrivains arabes Ibn Dasta, Ibn Fahldan, Al-Bekri, etc.

Les Vinèdes (c'est-à-dire les Slaves baltiques), écrit

saint Boniface, pratiquent dans le mariage un tel amour réciproque que la femme se refuse à survivre à son époux défunt ; on estime particulièrement celle qui s'est sacrifiée volontairement en se faisant brûler sur le même bûcher que son mari.

Des femmes jouent un rôle considérable dans la vie publique.

Les Tchèques vénèrent encore aujourd'hui la mémoire de la princesse légendaire Libuse, ou sous la forme latine Libussa. Elle était fille du prince non moins légendaire Krok et aurait vécu vers le VIIIe siècle. Appelée à juger dans un procès entre deux personnages considérables, elle avait été grossièrement insultée par celui qu'elle avait condamné et, pour se faire respecter du peuple, elle aurait épousé le laboureur Premysl, fondateur de la première dynastie nationale. Le chroniqueur Cosmas nous la représente assistée de ses deux sœurs, Kazia, versée dans la connaissance des herbes médicinales et des sortilèges, et Teta, versée dans celle des mystères religieux.

Uu autre récit légendaire nous montre, vers le XIe siècle, les vierges riveraines de la Vltava, groupées sous le commandement de l'héroïne Vlasta. Elles construisent non loin de Prague un château fort qu'elles appellent Dievin (le château des Vierges). Les jeunes gens se piquent d'honneur et construisent en face, sur une colline opposée, la forteresse de Visehrad. La guerre éclate entre les deux sexes. Après des alternatives diverses, on convient d'un armistice. Le premier jour se passe en festins. Sous l'influence de l'ivresse, les colères s'apaisent : chacun des guerriers choisit une épouse. La paix est conclue ; les jeunes fiancés évacuent la forteresse de Dievin, qui est détruite. Cette légende a évidemment pour objet d'expliquer ce nom de Dievin, qui semble se rattacher au mot *dieva*, la Vierge, lequel caractérisait probablement quelque hauteur isolée. Ce nom, nous le trouvons en Moravie, en Silésie et dans les pays slovaques. Le bourg de Dievin, en magyar Deven, avait reçu des Allemands le nom pédantesque de Theben-Dievin ; c'est encore le nom par lequel les Slaves traduisent celui de Magdebourg.

En Pologne, nous rencontrons la légende de la princesse Wanda, appelée à régner après la mort de son père, Krok, le fondateur de Cracovie, qui repousse toutes les offres matrimoniales et meurt vierge dans les flots de la Vistule.

Chez les Russes, aux frontières du paganisme et du christianisme, de la légende et de l'histoire, nous rencontrons, au début du Xe siècle, la princesse Olga, moitié slave, moitié scandinave, qui nous appartient pour la période païenne de son existence. Durant cette période, ses mœurs sont d'une effroyable barbarie. Pour venger le meurtre de son mari, le prince Igor, tué par les Drevlianes, elle ne recule devant aucune infamie.

Le prince des Drevlianes, Mal, a la singulière idée de la rechercher en mariage et lui envoie une ambassade, composée de vingt personnages. Elle les reçoit avec une courtoisie affectée et leur dit :

« Ce que vous m'apprenez m'est agréable ; je ne puis ressusciter mon mari ; mais je veux vous honorer demain en présence de mon peuple. Retournez maintenant à votre bateau. Et demain, quand je vous enverrai chercher, dites : « Nous n'irons point à pied, nous n'irons point à cheval, mais qu'on nous porte dans notre bateau. Et on vous portera dans votre bateau. » Et elle les renvoya.

Et elle ordonna de creuser une fosse grande et profonde dans la cour du palais.

Le lendemain, elle les envoya chercher, et on les apporta dans leur bateau et on les jeta dans le fossé. »

Olga se pencha et leur dit :

— Cet honneur est-il bon ?

Ils répondirent :

— Pire que la mort d'Igor.

Et elle ordonna qu'on les enterrât vivants. Et on les enterra.

La vengeance d'Olga n'est pas encore satisfaite. Elle envoie chez les Drevlianes, qui ignorent le triste sort de leurs messagers et leur fait dire :

— Si vous me voulez réellement, envoyez-moi des hommes distingués, afin que je puisse aller vers votre prince avec de grands honneurs, sinon les habitants de Kiev ne me laisseront pas partir.

Les Drevlianes choisirent les hommes les meilleurs qui gouvernaient leur pays et les lui envoyèrent. Quand ils furent arrivés, Olga ordonna de préparer un bain. Quand vous vous serez baignés, leur dit-elle, vous viendrez me trouver.

Il s'agit évidemment ici d'un bain de vapeur. Comparez ce qui a été dit au chapitre III.

On chauffa le bain et les Drevlianes y entrèrent et se mirent à se laver. On ferma les portes derrière eux et Olga prescrivit de mettre le feu aux bains et ils furent tous brûlés.

Et Olga envoya chez les Drevlianes, disant : « Voici que je vais aller chez vous ; préparez beaucoup d'hydromel dans la ville où vous avez tué mon mari ; je veux pleurer sur sa tombe et faire une cérémonie funèbre en l'honneur de mon époux. »

Ceux-ci ayant entendu ces paroles, brassèrent une grande quantité d'hydromel. Olga, suivie d'une petite escorte, vint, s'avança sans apparat vers la tombe de son mari, le pleura et ordonna à ses gens d'élever un grand tumulus, puis, quand ils eurent fini de célébrer la fête, les Drevlianes s'assirent pour boire et Olga ordonna à ses gens de les servir. Et, quand les Drevlianes se furent enivrés, elle ordonna de s'élancer sur eux et partit en prescrivant de les massacrer, et ils en massacrèrent cinq mille.

La vengeance d'Olga n'est pas encore satisfaite. Elle attaqua la forteresse d'Iskoruosten (aujourd'hui Iskorost, village de Volhynie) et la prend par une ruse renouvelée de l'Écriture. Elle fait dire aux habitants qu'elle exige d'eux, pour toute rançon, deux pigeons et trois moineaux par maison. Les assiégés sont trop heureux de se racheter à ce prix. Olga fait attacher à chacun des oiseaux des matières inflammables, les allume et les lâche sur la ville qui est détruite.

Le dévot historien n'a pas un mot de blâme pour son héroïne, qu'il exalte et magnifie comme une sainte à partir du jour qu'elle a reçu le baptême. Olga chrétienne sort du cadre de ce volume.

Chez les Slaves méridionaux, une tradition recueillie par Constantin Porphyrogénète, fait venir d'une région, qu'il appelle la Grande Croatie, une famille composée de cinq frères et de deux sœurs, dont il donne les noms. Elles s'appellent Tuga et Buga, et figurent parmi les fondateurs de la nation croate. Mais l'histoire ne nous apprend rien sur leurs faits et gestes.

Chez les Serbes et les Bulgares les femmes ne jouent aucun rôle dans la période qui nous occupe.

CHAPITRE XIV

LA RELIGION. — LES ORACLES. — LA MAGIE

Le témoignage le plus ancien sur le culte est celui de Procope (VIe siècle). Il nous apprend que les Slaves balkaniques offraient au dieu de la foudre des bœufs et toute espèce d'offrandes.

J'ai longuement étudié autrefois la mythologie slave dans un volume auquel je me permets de renvoyer une fois pour toutes le lecteur curieux de plus de détails. (Paris, Leroux, 1901).

Le mot, qui dans toutes les langues slaves désigne la divinité est le mot *bog* (sanscrit *Bhagas*, seigneur persan, moderne *bag)*. Ce mot désigne tout ensemble la divinité et la richesse, le bien. Dans ce sens secondaire, il engendre une infinité de dérivés qui caractérisent tout ensemble la richesse et la pauvreté.

D'après le témoignage de Procope et de l'Allemand Helmold, les Slaves semblent avoir connu un dieu suprême, auquel les autres divinités étaient subordonnées. D'après Helmold, ce dieu était Svantovit, dont nous parlerons tout à l'heure.

Svantovit était le grand dieu des Slaves baltiques ; Peroun jouait le même rôle parmi les divinités russes.

La mythologie slave semble se rattacher à deux systèmes différents, le système russe attesté par les chroniques indigènes, le système des Slaves polabes (riverains de l'Elbe, autrement dit Slaves baltiques), attesté par des documents latins d'origine germanique ou scandinave.

Le grand dieu russe était Peroun, dieu de la foudre, dont l'idole s'élevait à Kiev et à Novgorod.

En Russie, le culte de Peroun s'est confondu plus tard avec celui d'un personnage biblique, le prophète Elie, enlevé au ciel sur un char enflammé. Il est à remarquer que dans les traités cités plus haut, les Grecs semblent avoir tenu compte de cette analogie. Ces traités sont jurés dans des églises de saint Elie. Une église de saint Elie existait déjà à Kiev dès l'année 945. Ce fait atteste d'une part l'existence de Russes chrétiens, longtemps avant la conversion officielle. Il indique d'autre part les procédés par lesquels le culte chrétien se substitua aux rites du paganisme. Il est donc tout naturel que le premier temple chrétien de Russie ait été placé sous l'invocation du prophète Elie. Le chêne était l'arbre sacré de Peroun, comme il était celui de Zeus chez les Hellènes.

Si le grand dieu des Russes était Peroun, celui des Slaves baltiques était Svantovit. Ses fidèles lui sacrifiaient chaque année un chrétien. Ses oracles étaient très réputés. L'or et l'argent pris à l'ennemi étaient versés dans le trésor de son temple. Son principal sanctuaire était dans l'île de Rujana (Rugen), dans une localité aujourd'hui disparue, qui s'appelait Arcona. Son idole, beaucoup plus grande que nature, avait quatre têtes. On célébrait en l'honneur de cette divinité des festins où le devoir des convives était de renoncer à la sobriété. Il avait une garde de trois cents cavaliers. Il avait, en outre, pour son usage personnel, un cheval blanc sur lequel il était censé guerroyer la nuit contre les ennemis et qui servait à prendre des augures par la façon dont il chevauchait sur des lances posées à terre. La statue du dieu fut détruite par les Danois, qui confisquèrent ensuite le trésor de Svantovit.

On rencontre encore chez les Slaves baltiques d'autres divinités, dont le nom se termine en *vit* : Rugievit (le *vit* de Rugen ?), Porevit, Gerovit, qu'Ebbo, l'historien d'Otto de Bamberg, rapproche du dieu Mars de la mythologie classique.

Citons aussi Dajbog, Simargel, peut-être le dieu à sept têtes, des divinités assez mystérieuses, Mokoch, Trajan, qui paraît une réminiscence danubienne de l'empereur Trajan.

Nous avons vu plus haut que le Svantovit des Slaves baltiques avait quatre têtes ; un autre dieu, Triglav, honoré à Stettin, avait trois têtes.

Les dieux polycéphales paraissent avoir été particulièrement honorés chez les Slaves baltiques. Svantovit était célèbre par ses oracles. Son cheval en rendait aussi : dans certaines épreuves, s'il partait du pied droit, c'était un heureux présage ; s'il partait du pied gauche, c'était un mauvais signe. On rencontre également des chevaux prophètes du bien ou du mal, à Riedegas, à Rhetar et à Stettin.

On sacrifiait des chrétiens à Svantovit et le prêtre affirmait que nul sacrifice n'était plus agréable à son dieu.

On a cru retrouver une image de Svantovit dans une idole à quatre visages, qui aurait été découverte en 1848 en Galicie. Je l'ai reproduite dans ma *Mythologie slave* (page 222) et j'en ai offert une copie réduite au Musée de Saint-Germain.

Certains textes associent au nom de Peroun, dieu du tonnerre, celui de Volos ou Veles, dieu des troupeaux.

Suivant Helmold, les Slaves baltiques offrent à leurs dieux des bœufs et des moutons. Ils leurs sacrifient aussi des chrétiens ; ils affirment que les dieux aiment surtout le sang de ces victimes humaines. Après le sacrifice, le prêtre fait une libation avec du sang, afin de mieux comprendre les oracles. Car, au dire de beaucoup de Slaves, les démons sont plus facilement invités par le sang. Les sacrifices ayant été accomplis suivant l'usage, le peuple se livre aux festins et aux divertissements.

Dans ces festins, le peuple, évidemment, consomme la chair des victimes. Et ce fait nous permet d'établir à coup sûr que les Slaves n'étaient pas des végétariens.

Un peu plus loin, en parlant du culte de Svantovit, Helmold nous apprend que, pour lui rendre un hommage particulier, on lui offre chaque année un chrétien désigné par le sort et que de toute les provinces slaves on lui envoie chaque année les tributs établis pour les sacrifices.

Cette assertion se retrouve encore ailleurs dans Helmold, à propos de l'île de Rugen. Il ajoute : Les marchands qui viennent dans l'île n'ont pas la faculté de vendre ou d'acheter s'ils n'ont d'abord offert au dieu quelque objet de prix. Au chapitre XXIII, Helmold raconte comment Jean, évêque de Mecklembourg, fait prisonnier par les Sorabes, autrement dit les Serbes, fut promené par les villes slaves, insulté et mis à mort. On lui coupa les pieds et les mains, et sa tête fichée à une lance fut offerte au dieu Radigast. Ailleurs (chapitre LXXXIII) Helmold décrit le temple de Proven, où s'accomplissaient les rites de divers sacrifices. Saxo Grammaticus n'est pas moins affirmatif en ce qui concerne l'île de Rugen. Tous les ans, après la moisson, les habitants de l'île sacrifiaient à Svantovit du bétail et faisaient ensuite un festin où les viandes offertes étaient consommées. Les historiens d'Otto de Bamberg racontent les sacrifices offerts à Triglav (Ebbo, II, 12, 15 ; III, 1, 82).

Le culte était moins bien organisé en Russie que chez les Baltiques. Il ne semble pas que les Russes aient eu des temples, mais ils avaient des sacrificateurs et des sacrifices. Au cours de l'année 983, le prince de Kiev, Vladimir, va en expédition contre un prince d'une tribu de la famille lette, les Iatviagues, et s'empare de leur pays. Il revient à Kiev et offre des sacrifices aux idoles. Voici comment la chronique russe dite de Nestor raconte cet épisode.

« Les anciens et les boïars dirent : « Tirons au sort un jeune homme et une jeune fille, et celui sur qui le sort tombera sera immolé aux dieux. Il y avait un certain Varègue. Ce Varègue était venu de Grèce ; il était chrétien et il avait un fils beau de corps et d'âme. Le sort tomba sur lui par la haine du démon ; car le démon ne pouvait le souffrir, lui qui a pouvoir sur tout ; et cet enfant lui était comme une épine dans le cœur. Il s'efforça donc, le maudit, de le faire périr, et il excita le peuple. Des gens furent envoyés au père et lui dirent : « Le sort est tombé sur ton fils, les dieux l'ont réclamé, nous allons le lui sacrifier. » Et le Varègue dit : « Ce ne sont pas des dieux ; ce n'est que du bois qui est aujoud'hui et pourrira demain, ils ne mangent pas, ils ne boivent pas, ils ne parlent pas ; c'est la main de l'homme qui les a taillés dans le bois. Il n'y a qu'un dieu unique que servent les Grecs : il a créé le ciel et la terre, les étoiles et la lune, le soleil et les hommes qu'il fait vivre sur la terre. Et ces dieux qu'ont-ils fait ? On les a faits eux-mêmes. Je ne donnerai pas mon fils aux démons. » Les envoyés revinrent et rapportèrent ces propos aux gens. Ceux-ci prirent les armes, marchèrent contre lui et brisèrent les barrières de sa maison. Le Varègue était avec son fils dans le vestibule. Ils lui dirent : « Donne-nous ton fils que nous le livrions aux dieux. Il répondit : « Si ce sont des dieux, ils enverront l'un d'entre eux et prendront mon fils. Qu'avez-vous besoin de lui ? » Et poussant de grands cris ils brisèrent le plancher sous eux et les tuèrent. Nul ne sait où on les ensevelit. Le diable se réjouit de cet événement, ne sachant pas combien sa ruine était proche.

En effet, six ans après cet épisode tragique, Vladimir était baptisé et faisait abattre les idoles.

Certains sanctuaires étaient célèbres par les oracles qu'on y rend. Tel était celui de Svantovit dans l'île de Rugen. Les prêtres prédisaient l'avenir d'après la quantité de liquide resté dans un vase, d'après la hauteur d'un gâteau, d'après la démarche d'un cheval, d'après la rencontre de tel ou tel animal. Les biographes d'Otto de Bamberg parlent en termes assez vagues de divinations par les coupes et par les sorts. On ne sait pas exactement comme se pratiquaient ces modes de divination.

Les Slaves rendaient un culte aux dieux domestiques. Nous avons sur ce point le témoignage positif des deux chroniqueurs, Helmold (I, 52 et 82), et Thietmar : Domesticos colunt deos. On croit même savoir, d'après le témoignage de Thietmar, le nom d'un de ces dieux qui se serait appelé Hennil ; mais on est assez embarrassé pour l'expliquer.

Le chroniqueur tchèque Cosmas semble confirmer ce témoignage. Mais cet humaniste évite les termes de la langue vulgaire et remplace les mots slaves par une terminologie classique. Il raconte que le fondateur de la nation tchèque, celui qu'il appelle pater Bohemus, s'arrêta au pied du mont Rip et que là il établit ses pénates qu'il avait apportés sur ses épaules et invita ses compagnons à

leur faire une libation. La chronique rimée dite de Dulinil
nous dit qu'il arriva *na plecu nesa ditky sve*, portant ses
enfants sur ses épaules. Enfants, c'est *ditky*, mais, comme le
rimeur s'inspire du latin de Cosmas, on a proposé la
correction *dedky*, mot qui veut dire les ancêtres, et qui est
beaucoup plus vraisemblable. D'ailleurs la croyance séculaire à ces dieux domestiques est attestée par le folklore
de tous les peuples slaves. En Galicie, chez certaines tribus
ukrainiennes, les lares sont appelés didky, les aïeux. Et ce
nom confirme la correction que je viens de rapporter. Chez
les Polonais de Lithuanie, les *dziady* ou ancêtres, qui ont
donné leur nom à un poème de Mickiewicz, sont empruntés
au folk-lore de la Russie blanche.

Les sorciers et les magiciens étaient tout aussi familiers
aux Slaves qu'aux autres nations. On ne les trouve pas men-
tionnés chez les Slaves baltiques. En revanche on les rencontre chez les Tchèques et les Russes. Kosmas fait de la
princesse légendaire Kazi une magicienne qui ne le cédait
point à Médée pour la pratique des herbes et des incanta-
tions, qui conjurait l'œuvre des Parques et soumettait les
destins à sa volonté. Sa sœur cadette, Tetka, est une sorte
de grande prêtresse qui organise les cérémonies du culte.
La plus jeune sœur, Libussa, est une pythonisse qui prévoit
l'avenir et prédit notamment le glorieux avenir de Prague.
Il met dans sa bouche un hexamètre que les événements
ont aujourd'hui, plus que jamais, justifié (III, 8).

Urbem conspicio, fama quæ sidera tanget.

J'aperçois une cité dont le front touchera les étoiles.

Plus tard, à la date de 1092, il nous raconte comment le
prince Bretislav, passionné pour la défense de la religion
chrétienne, expulsa de ses Etats les devins, les magiciens et
fit supprimer une foule de rites païens (III, 1).

Pendant la période païenne, le moine de Kiev que nous avons fréquemment cité n'a point l'occasion de nous parler des magiciens ; c'est sans doute que durant cette période il considère leur existence comme toute naturelle. En revanche, après la conversion, il leur fait une part assez large ; il leur consacre plusieurs pages à la date de 1071. A vrai dire, il lui arrive de prendre pour un magicien un fou qui s'amuse à faire des prédictions absurdes et ridicules.

Ecoutez ce récit :

« Comme il y avait disette dans le pays de Rostov, deux magiciens d'Iaroslav, apparurent disant : Nous savons bien qui retient les denrées. Réunis dans un certain canton ils désignèrent les femmes les plus distinguées, disant : Celle-ci retient le blé, celle-là le miel, celle-là le poisson, celle-là les vins. Les habitants leur amenèrent donc leurs sœurs, leurs mères, leurs femmes : dans leur aveuglement ils leur fendirent les épaules et en retirèrent du blé, des poissons et du vin. Ils tuèrent ainsi beaucoup de femmes et perdirent leurs richesses. Puis ils vinrent au lac Blanc. En ce temps-là, Jean, fils de Vychata, vint de la part de Sviatoslav recueillir les impôts. Les habitants lui racontèrent que deux magiciens avaient déjà tué beaucoup de femmes sur le Volga et la Scheksna et comment ils étaient venus dans ce pays. Jean rechercha de qui ils étaient les sujets et ,voyant que c'était de son prince, il envoya vers ceux qui étaient avec eux disant : « Livrez ces magiciens, car ce sont des sujets de mon prince. » Mais on ne l'écouta point. Jean alors s'avança sans armes et ses serviteurs lui dirent : « Ne va pas sans armes ; ils t'insulteront. » Il ordonna alors à ses serviteurs de prendre des armes et ils étaient au nombre de douze. Il rencontra ces gens auprès d'un bois. Ils se rangèrent en bataille pour lui résister. Jean s'avança avec une hachette ;

trois de ces hommes s'avancèrent en disant : « Tu vois bien que tu marches à la mort. N'avance pas. » Il ordonna de les frapper et marcha vers les autres. On s'élança sur eux. Un d'entre eux brandit sur Jean une hache. Jean détourna la hache, frappa l'ennemi de son arme et ordonna de les massacrer. Ils s'enfuirent alors dans les bois. Ils tuèrent le prêtre qui accompagnait Jean. Jean vint à la ville du lac Blanc et dit aux habitants : « Si vous ne saisissez pas ces magiciens, je ne vous quitterai pas d'un an. » Les habitants allèrent alors les saisirent et les lui amenèrent. Il leur dit : « Pourquoi avez-vous fait périr tant de personnes ? » Ils répondirent : « C'étaient des personnes qui retenaient les denrées. En les faisant périr l'abondance viendra. Si tu le veux, nous tirerons en ta présence du blé, du poisson et quelque autre substance. Jean leur dit : « Certainement vous mentez. Dieu a créé l'homme de la terre. Il se compose d'os et de veines, il n'y a rien en lui, il ne sait rien. Dieu seul sait. » Ils lui dirent : Nous savons comment l'homme a été créé. » Il demanda : « Comment ? » Ils répondirent : « Dieu se baignait dans son bain — il s'agit d'un bain de vapeur. Etant en sueur il s'essuya avec un bouchon de paille, puis il le jeta du ciel sur la terre. Satan se disputa avec Dieu sur la question de savoir qui ferait un homme avec un bouchon de paille. Le diable fit l'homme et Dieu y mit une âme. Aussi, quand l'homme meurt, son corps va à la terre et son âme va au ciel. » Jean leur dit : « Vous êtes sans doute possédés du démon. En quel dieu croyez-vous ? » Ils répondirent « En l'Antechrist. » Il demande : « Où est-il ? » Ils répondirent : « dans l'abîme ». Jean demanda : « Quel est ce dieu qui siège dans l'abîme. C'est le démon qui y siège. Dieu est dans le ciel, assis sur un trône entouré d'anges qui se tiennent devant lui avec crainte, ne pouvant le regarder. Or il a été précipité du séjour des anges, celui que vous appelez l'Antechrist, il a été précipité à cause de son orgueil, il gît dans l'abîme jusqu'au moment où Dieu viendra du ciel pour l'enchaîner et le jeter dans le feu éternel avec ses serviteurs et ceux qui croient en lui. Pour vous, vous serez livrés aux tourments par moi dans cette vie, et vous souffrirez aussi dans l'autre. » Ils répondirent : « Les dieux nous disent que tu ne peux rien nous faire. » Il leur dit : « Vos dieux mentent. » Ils répondirent : « Nous devons nous présenter à Sviatoslav ; pour toi, tu ne peux rien nous faire. Jean ordonna de les battre et de leur arracher la barbe avec une pince. Jean leur demanda : « Que vous disent vos dieux ?... Ils répondirent : « De nous présenter à Sviatoslav. » Jean ordonna de leur mettre un morceau de bois dans la bouche et et de les attacher à un attelage. Il les envoya en avant dans un bateau et il les suivit. Quand ils furent à l'embouchure de la Scheksna, Jean leur demanda : « Que vous disent vos dieux ? » Ils répondirent : « Les dieux nous disent que tu ne nous laisseras pas en vie. » Jean leur répliqua : « En ceci les dieux vous disent la vérité. » Ils répondirent : « Si tu nous renvoie, il t'arrivera beaucoup de bien. Sinon tu éprouveras beaucoup d'affliction et de mal. » Il leur répondit : « Si je vous renvoie, alors Dieu me punira ; si je vous fais périr il me récompensera. » Et Jean dit aux bateliers : « Y en a-t-il parmi vous à qui ces hommes aient tué quelque parent ? Ils répondirent : A moi ils ont tué ma mère, à moi ma sœur, à moi mon enfant. Il leur dit : « Vengez les vôtres. » Ils les saisirent donc, les tuèrent et les pendirent à un arbre. La vengeance de Dieu tomba sur eux comme ils le méritaient, tandis que Jean retournait chez lui ; la nuit suivante un ours grimpa, se mit à ronger les cadavres et les dévora. C'est ainsi qu'ils périrent grâce au démon, eux qui savaient l'avenir pour les autres et ne le savaient pas pour eux-mêmes.

Une fois en train de moraliser sur le compte des magiciens et des démons, le moine chroniqueur ne s'arrête plus. L'épisode suivant ne se passe pas chez les Russes, mais chez les Tchoudes, autrement dit les Finnois. Un Russe, curieux de voir les démons, va chez eux ; mais les démons ont peur de se manifester parce qu'il porte une croix sur lui.

Un autre récit met en scène en pays varègue-slave un magicien, le prince Gleb (mort en 977) et l'évêque de Novgorod. Le magicien se fait passer pour un dieu et annonce qu'il passera le fleuve Volkhov à pied. Il trouve des croyants.

« Il y eut une émeute dans la ville. Tous croyaient en lui et voulaient tuer leur évêque. L'évêque prit la croix, revêtit ses habits sacerdotaux et dit : « Que ceux qui croient au magicien aillent près de lui. Que ceux qui ont la foi viennent près de la croix. » Les Novgorodiens se partagèrent en deux groupes. Le prince Gleb avec son escorte passa auprès de l'évêque et tout le peuple suivit le magicien. Et il y eut de grands troubles parmi eux. Gleb ayant pris une hache sous ses vêtements, alla trouver le magicien et lui dit : « Sais-tu ce qui arrivera demain et aujourd'hui avant le soir ? » Il répondit : « Je sais tout. » Et Gleb dit : « Tu sais donc ce qui doit arriver aujourd'hui ? » Il répliqua : « Je ferai de grands miracles. » Gleb tira sa hache et le tua, il tomba mort et le peuple se dispersa. Il périt, corps et âme, s'étant livré aux démons. »

Il y avait aussi des magiciennes. Certaines d'entre elles se livraient particulièrement à la pratique des avortements.

Celle de la magie a d'ailleurs été plus ou moins modifiée par des influences exotiques, celles du chamanisme sibérien chez les Slaves de la Russie centrale, celle de la magie grecque chez les Slaves du rite orthodoxe. Le chamanisme, qui ne se pratique plus guère qu'en Sibérie, doit son nom à des prêtres, les *chamanes*, et repose sur un culte fort compliqué des ancêtres et des mauvais esprits.

Le prêtre semble avoir été primitivement le chef de la cité ou de la famille. C'est ce qu'atteste le nom qu'il porte chez certains peuples slaves *(knez,* pol. *ksiondz)*. L'institution du sacerdoce ne paraît pas avoir été aussi développée chez les Russes et les Balkaniques païens que chez les Slaves de la Baltique et de l'Elbe.

CHAPITRE XV

LES FUNÉRAILLES. — LA VIE D'OUTRE-TOMBE

Les Slaves ont connu deux modes de sépulture, l'incinération et l'ensevelissement. Entre l'Elbe et la Vistule, au-
delà de la Vistule, entre le Boug septentrional et le San,
dans le nord de la Hongrie, on trouve de nombreux débris
attestant une longue pratique de l'incinération. Au dire de
saint Boniface, les Vénèdes, c'est-à-dire les Slaves de l'Elbe,
brûlaient avec leurs maris les femmes désireuses de ne pas
survivre à l'époux disparu. Thietmar rend un témoignage
analogue pour les Polonais, Masoudi pour les Serbes du
Danube et les annalistes orientaux pour les Russes. Un
grand nombre de noms de lieux rappellent les endroits où
s'accomplissaient ces rites funéraires.

Dans certaines régions, l'ensevelissement et l'incinération étaient pratiqués simultanément.

Le défunt était posé soit à même sur le bûcher, soit sur
une planche, soit sur une barque. Après la cérémonie on
recueillait les cendres, les ossements épars, les débris plus
ou moins calcinés et on les recouvrait d'un tumulus : ou
bien on les établissait sur ce tumulus, sur un pieu surmonté
d'une planche. On joignait à ces reliques des matières ou des
objets qui pouvaient servir au défunt dans l'autre vie. Parfois

la femme, les enfants, les chevaux, les chiens du défunt étaient tués et ensevelis avec lui. Les fouilles ont mis à jour toute espèce d'instruments, d'armes, d'objets de parure, de vases à boire, même d'instruments de musique, évidemment destinés à charmer les loisirs de l'autre monde.

Le défunt était généralement emporté par une ouverture pratiquée *ad hoc* dans la muraille et que l'on condamnait ensuite. S'il était sorti par la porte normale, il aurait pu avoir l'idée de revenir et on avait grand peur des revenants.

Ce n'était pas seulement l'épouse qui sacrifiait sa vie sur la tombe de son époux. C'était parfois la fiancée sur la tombe de son futur mari. Pour la décider à ce suprême sacrifice, on l'enivrait de breuvages qui lui faisaient perdre la raison. On l'obligeait à toutes sortes d'excès vénériens, sur lesquels nous ne pouvons insister ici. On sacrifiait en l'honneur du défunt des animaux domestiques, chevaux, bœufs, coqs, qu'on ensevelissait auprès de leur maître disparu.

La coutume d'offrir au défunt des objets pour l'accompagner dans l'autre monde a longtemps survécu au paganisme. Elle persistait encore chez les Tchèques au XVIIIᵉ siècle, elle persiste encore aujourd'hui chez les Russes, les Polonais, les Slovaques, les Bulgares et les Slaves de Poméranie.

Ceux qui accompagnaient la dépouille mortuaire poussaient des gémissements et se déchiraient le visage avec leurs ongles. Ces rites, pour la plupart, subsistent encore aujourd'hui. Parfois on ajoutait aux victimes le médecin du défunt, afin qu'il pût le soigner dans sa nouvelle existence.

En dehors des squelettes de cheval et de chien sacrifiés dans le même but, on rencontre dans certaines tombes des squelettes d'agneau, de bœufs, de poules ou d'autres animaux domestiques, voire même de poissons. Ce sont évidemment des débris de repas funèbres.

On mettait souvent une monnaie dans la main ou dans la bouche du défunt. Il était fréquemment conduit à la tombe ou au bûcher sur un traîneau, et ceci même aux premiers temps du christianisme.

Les funérailles étaient suivies d'un repas appelé *tryzna* ou *strava*. Ce festin était accompagné de jeux guerriers, de luttes, où l'on oubliait parfois le caractère austère de la cérémonie. Ces traditions perdues chez les catholiques ont survécu dans les masses populaires des peuples orthodoxes.

On observait peu les lois de la sobriété dans ces festins funèbres. Un prince danois prisonnier des Slaves baltiques profita de l'ivresse des convives pour s'échapper.

Les tombes étaient dispersées au hasard ; c'est le christianisme qui a suggéré l'idée de les réunir dans des cimetières à l'ombre de la croix.

Les morts non incinérés étaient généralement couchés le visage tourné vers l'orient. Parfois ils étaient ensevelis assis, le visage toujours tourné du côté du soleil levant.

Nous n'avons pas de texte précis, d'ordre théologique ou philosophique, attestant la croyance positive des Slaves à l'immortalité de l'âme. Mais les nombreux faits que nous venons de citer attestent qu'ils croyaient pour le moins à une survivance matérielle. Combien de temps durait cette survivance ? Nous l'ignorons.

Le lieu où les défunts allaient vivre leur nouvelle vie est désigné dans les langues slaves, le slavon, l'ancien tchèque, et l'ancien russe, sous le nom de *nav*. Le mot paraît se rattacher à un radical *ny*, qui désigne l'idée de lassitude. « Ensuite Krok alla dans le nav (mourut) », écrit la chronique rimée tchèque, dite de Dalemil. Nous trouvons en slavon un mot *nav* au sens de défunt (XIVe siècle). D'autre part, le chroniqueur polonais Dlugosz (XVe siècle), nous fournit un texte des plus précieux. Il nous dit en parlant des anciens Polonais : « Plutonem cognominabant *Nya*, quem inferorum deum et animarum, dum corpora linquunt, servatorem et custodem opinat autor, postulabant se ab eo post mortem in meliorem inferni sedem deduci. Tous ces textes concordent pour exprimer la survivance dans un lieu destiné à recevoir les fatigués de la vie, *defunctos vita*, comme disaient les Romains.

Dans la Russie moderne, le jour des morts s'appelle encore navii, navkii den.

Cette existence d'outre-tombe pouvait-elle affecter un caractère supérieur, ressembler à celle que les anciens imaginaient dans les Champs Elysée ou que les chrétiens l'imaginent dans le paradis ? Les textes sont muets à cet égard. Evidemment cette survie assez grossière n'avait rien de commun avec l'idéal chrétien et l'on comprend que Thietmar ait écrit qu'il n'avait rien de commun avec les Slaves, qui cum morte temporali omnia putant finiri. Evidemment le chroniqueur de Mersebourg n'était pas très au courant des rites funéraires de ses voisins.

L'idée du paradis se traduit par un mot, *rai*, commun à toutes les langues slaves, dont je ne puis déterminer l'étymologie ni le sens primitif.

———————

CHAPITRE XVI

LE SUBSTRATUM SLAVE DE L'ALLEMAGNE

Les Tchèques sont au point de vue géographique l'avant-garde de la race slave dans la direction de l'Ouest. Ils sont aussi son avant-garde au point de vue scientifique. C'est de chez eux que sont partis la plupart des missionnaires de l'idée slave. C'est chez eux qu'ont été accomplis la plupart des grands travaux qui intéressent les destinés du monde slave. Malheureusement la plupart de ces travaux ont été écrits dans une langue inaccessible à la plupart des savants étrangers. Les Tchèques tiennent essentiellement à ne pas écrire en allemand. C'est en tchèque que Schafarik avait publié ses *Antiquités slaves* (1837) et son *Ethnographie slave* (1842). Au bout d'un demi-siècle, le professeur Lubor Niederle a repris en tchèque l'œuvre de Schafarik. J'ai déjà traduit en français un de ses volumes, *La race slave* (Librairie Alcan) et j'ai plusieurs fois appelé l'attention sur les huit volumes déjà parus de ses *Antiquités slaves*. Celui sur lequel je désire attirer aujourd'hui l'intérêt, et qui vient de paraître à Prague, me paraît tout à fait digne de l'attention des lecteurs français. Il est intitulé : *Origine et Commencements des Slaves occidentaux*. Il est accompagné d'une carte qui sera pour beaucoup de lecteurs une véritable révélation et que l'on trouvera reproduite à la fin du volume.

Cette carte nous représente l'expansion de la race slave au début de la période historique et nous permet, si on la superpose à une carte politique de l'Allemagne actuelle, d'apprécier les pertes qu'ont faites les Slaves au profit de leurs voisins germaniques. Au début de l'histoire médiévale, vers le VII⁰ ou VIII⁰ siècle de l'ère chrétienne, les Slaves s'étendent à l'Ouest jusqu'à Kiel, Hambourg, Lunebourg, Brunswick, Eisenach, Kissingen, Bamberg, Würzbourg, Donauwerth. Au Nord, leur frontière est la Baltique, au Sud le Danube ; sur le Danube, ils atteignent Donauwerth Ingolstadt, Regensburg (Ratisbonne), Passau, Linz, Vienne, l'embouchure de la Morava dans le Danube.

Au Nord, les rivages de la Baltique sont entièrement peuplés de Slaves et nous retrouvons des noms slaves plus ou moins défigurés dans ceux de la plupart des peuples ou des villes du littoral. Je n'en citerai qu'un. A l'Est de l'Oder s'étend la tribu considérable des *Pomorane* ; c'est le peuple qui vit le long (po) de la mer (more). La dénomination slave a survécu sous la forme germanique, Pommern, et le fameux Poméranien, si cher au cœur de M. de Bismarck, n'était qu'un Slave germanisé.

Essayons, en partant de l'Ouest, d'énumérer quelques-uns des peuples slaves disparus et de signaler les traces que quelques-uns d'entre eux ont laissées dans la toponomastique allemande.

Au Sud-Ouest, c'est-à-dire au Nord du Danube et de la Bohême actuelle, autrement dit sur le sol de la Bavière orientale, de la Franconie et de la Thuringe, nous trouvons un ensemble de tribus réunies sous le nom générique de *Serbes*. Ces Serbes occidentaux sont plus connus dans nos histoires générales sous le nom de Sorabes. Ils n'ont rien de commun avec leurs congénères du Danube qui ont

7

joué un si grand rôle dans ces dernières années. Leur nom, en tant que groupe ethnique, ne figure plus que chez un groupe d'environ 150.000 âmes subsistant encore aujourd'hui sur les frontières de la Prusse et de l'ancien royaume de Saxe.

Les Serbes de l'Allemagne occidentale apparaissent pour la première fois dans la chronique dite de Frédégaire, où il est question d'un certain *Dervanus dux e gente Surbiorum* ; nous le retrouvons dans notre chronique de Moissac sous la date 866, sous la forme Surabi, Sorabi. Ce nom subsiste encore aujourd'hui dans celui de la ville de Zerbst popularisé par l'histoire de Catherine II, qui représente une forme ancienne, Serbichte (ancien duché d'Anhalt), dans celui d'une bourgade de la Thuringe appelée Sorbau, et dans celui de la ville prussienne de Zörbig (aux environs de Mersebourg).

Parmi les régions de la race serbe, il en est une qui garde encore son nom primitif, c'est la Lusace, qui s'appelle en allemand Lausitz (Lusici dans les textes latins), et dans la langue du pays Luzica. Ce mot est tout simplement dérivé du slave *lug*, qui désigne un pays marécageux. Dans les régions voisines figurent d'illustres villes allemandes qui n'évoquent pas volontiers aujourd'hui leur origine slave, Leipzig, la ville des tilleuls, primitivement Lipsk (Lipa veut dire tilleul), Dresden dont le nom demande une plus longue explication. Ce mot allemand représente un pluriel, ainsi que nous l'expliquent les formes serbe et tchèque. Il désigne en slave des éclats de bois. La noble capitale de la Saxe était du temps des Slaves un simple port de flottage, où venaient échouer des débris de bois.

En descendant le cours de l'Elbe nous arrivons dans la région de Brandebourg, ainsi appelée du nom de sa capitale que les anciens textes désignent sous le nom de Branibor. Bor, que les Allemands ont souvent confondu avec burg, c'est la forêt de conifères. Brani me semble désigner une idée de défense. Ce serait la forêt défensive.

Un nom qui, à coup sûr, n'a point d'apparence germanique, c'est celui de Berlin, qui a fait une si belle fortune dans l'histoire. Il se rattache à un vieux mot slave berlo, qui désigne un pieu. Ce nom de Berlin se rencontre d'ailleurs aux environs de Halle, dans le Lauenbourg. Il désigne une enceinte fortifiée de pieux. Notons en passant que la première ville du Lauenbourg, où fut établi un évêché chrétien au cours de l'année 1051, s'appelait Ratibor, c'est-à-dire le bois de la guerre. C'était évidemment un refuge fortifié. Le nom de Ratibor a été légèrement défiguré par les Allemands sous la forme Ratzbourg. Mais il subsiste encore en Bohême sous les formes Ratibor, Radbor, Radbern, Ratiborz, et sous sa forme intégrale dans la Silésie prussienne. Ce Ratibor de Silésie était naguère encore le chef-lieu d'une principauté dont le dernier titulaire siégeait à la Chambre des seigneurs de Prusse. Notons, pour être complets, que le nom de Ratibor est porté par un faubourg de la ville d'Opole, que les Allemands appellent Oppeln. Opole est la capitale de la province polonaise appelée en tchèque Opolsko, province à laquelle se rattache le souvenir de la Dynastie polonaise des Piasts et du grand saint national des Tchèques et des Polonais, Saint Adalbert. Dans Opolsko se retrouve le radical du nom de la Pologne (pole, la plaine).

Les villes étaient, comme nous l'avons dit, fort peu nombreuses chez les Slaves païens. Parmi celles qui subsistent encore avec un nom slave, je signalerai seulement celles de Kamin, sur la Baltique (slave Kamin, la Pierre), de Kolobreg, aujourd'hui Kolberg. Le slave *breg*, rivage, est d'ailleurs apparenté au germanique *berg*, qui a fourni le français *l'erge*. Il s'agit évidemment ici d'un rivage recourbé.

Au Sud de Kolberg, dans la Poméranie, nous rencontrons une ville de Belgard. C'est proprement l'homonyme de Belgrade (la cité blanche). Plus nombreuses sont dans les régions baltiques les cités appelées Stargard (la vieille ville), ou mieux le vieux château. Stargard était la dénomination primitive de la ville appelée actuellement Oldenbourg (Altenburg). Cette forme germanique n'est qu'une traduction du mot slave. Un autre Stargard, avec l'épithète de preussisch, se rencontre dans le pays des Kachoubes, dont personne ne songe à contester la nationalité slave ; un troisième s'élève aux environs de Stettin, un quatrième *Stargard sous le tilleul* figure dans le Mecklenbourg.

En somme, de tous ces Slaves disparus, il ne reste plus aujourd'hui que deux groupes, celui des Kachoubes (environ 200.000) aux environs de Dantzig et celui des Serbes de Lusace, aux environs de Bautzen. Tout le reste a été absorbé par la nationalité germanique.

Si nous remontons le cours de l'Oder pour atteindre la Silésie, nous reconnaissons des noms slaves dans celui de la ville de Glogau, de glog, le houx, dans celui de la ville de Breslau, aujourd'hui complétement germanisée, que rappelle celui de son fondateur hypothétique, le prince slave Vratislav, qui ne s'attendait guère à se voir transformé de la sorte. Un peu plus au Sud nous rencontrons la ville de Kladsko (le magasin, le dock, d'une racine *klad*, déposer). Kladsko est devenu Glatz et ce nom adopté par des familles israélites naturalisées chez nous sous la forme Klotz ou Glotz, ne nous rappelle plus aujourd'hui l'antique patrie slave de ceux qui le portent.

Même dans la partie allemande, ou considérée comme

telle, de la Bohême, les noms slaves reparaissent sous les formes allemandes. Quand on arrive de la Bavière par Ratisbonne, la première ville frontière à l'Ouest du royaume est Eger, la cité du légendaire Waldstein. Ce nom rappelle celui de la rivière qui arrose la région, l'Ohré (ancienne forme Ohra, comparez la forme latine d'Eger, Egra), la rivière chaude. Un peu plus loin en pays germanisé nous rencontrons une station thermale de réputation européenne, Teplitz : Teplitz est la déformation germanique du slave Teplice, les eaux chaudes (comparez le latin tepidus). La rivière qui arrose Karlsbad s'appelle encore aujourd'hui d'un nom slave, la Tepla, c'est-à-dire la rivière chaude.

Les faits que je viens de citer prêtent matière à de graves réflexions. Ils nous rappellent le naïf aveu du chroniqueur saxon Widukind : « Transeunt dies plurimi Saxonibus pro gloria, Sclavis pro libertate ac ultima servitute varie certantibus ».

Méditons ces paroles. Le succès des armées alliées a sauvé la liberté du monde.

Il serait vivement à souhaiter que les résultats du livre de M. Niederle fussent résumés, commentés, complétés et mis sous une forme accessible à la portée de la science occidentale. C'est ce que nous avons essayé de faire dans ce volume.

Nous allons à la suite de notre savant confrère étudier l'onomastique slave de l'Allemagne.

———

CHAPITRE XVII

L'ONOMASTIQUE SLAVE DE L'ALLEMAGNE

Bautzen (ville de Saxe) est la capitale intellectuelle des Serbes de Lausace : dans les anciens textes Budysin, Budussin, Butsins, Budissine, Budisa. Il est possible que le nom soit emprunté au germanique *bude*, cabane, qui a donné quelques dérivés en polonais.

Berlin. Ce nom n'a rien de commun avec celui de l'ours qui figure dans les armes de la ville. Il se rattache, nous l'avons déjà dit, à un mot slave, berlo, qui veut dire bâton, pieu. C'était tout simplement une localité enceinte de pieux.

Brandebourg, en allemand Brandenbourg, en tchèque Branibor, qui veut dire le bois ou la forêt de la défense. La forme de ce nom dans les anciens textes est Brennaborg et Brennaburch. Les Allemands confondent de bonne heure le slave *bor*, forêt, avec le germanique burg. C'est évidemment ce mot slave *bor* que l'on retrouve dans le nom de l'épouse de Luther, Catherine von Bora, qui était originaire de la Misnie, ancienne province slave. Dans ce nom, le mot bora avait gardé la terminaison du génitif slave. Catherine von Bora se traduirait chez nous par Catherine Dubois.

Breslau s'appelle en latin Vratislava, en tchèque Vratislav, en polonais Wroclaw. Toutes ces formes indiquent une origine slave. Malheureusement on manque de documents sur la période primitive de l'histoire de cette ville, qui doit probablement son nom à quelque Tchèque.

Camin, Chamina, bourg de Prusse sur la Baltique. C'est le slave Kamen, qui veut dire le rocher. Nous le retrouvons en Russie, en Pologne et en Saxe sous la forme Chemnitz.

Chemnitz, est une ville de l'ancienne Saxe royale. Elle s'appelle en slave Kamenica et en latin Lapis. En Bohême et en Moravie il n'y a pas moins de vingt localités qui portent ce nom (en latin Lapis). Sur une carte détaillée des environs de Dresde on rencontre encore aujourd'hui deux localités appelés Kamnitz.

Colberg ou Kolberg, ville située sur la Baltique, en Prusse, à l'embouchure de la rivière Persanta, dans la Baltique, s'appelle en polonais Kolobrzeg, dans les anciens textes Colabrega, Colobrega, Cholberg, Coluberh, ce qui semble vouloir dire le rivage circulaire. Le slave brzeg ou breg, identique à l'allemand berg et au français berge, veut dire rive. La ville a été définitivement germanisée au XIVe siècle. Les Slaves furent réduits à se grouper dans un quartier appelé platea Slavorum. Leur souvenir subsiste encore dans le nom de la Wendenstrasse (rue des Wendes).

Corbetta sur la Saale. Ce nom se rencontre en diverses régions sous des formes diverses : Curuvadi, Curuvati, Curevati, Chorwet, Corwethe, Corwet. Ce nom, dit M. Jagic (*Archiv für Slavische Philologie*, tome V, p. 543) est celui de la tribu des Croates (Hrvati). On trouve dans la région où il se rencontre une windische Mark, dont le nom rappelle assez l'origine. Aux environs de Mersebourg une localité appelée Kübbelane rappelle une forme slave, Kobylany, le pays des cavales (comparez l'allement Stuttgart, qui a le même sens). Aux environs de Mersebourg, une localité appelée Borau (ancienne forme Borow, rappelle le *bor* (forêt), dont nous avons parlé plus haut. Une localité de la même région, Zschernental représente une forme slave, czerndol, la vallée noire. Dans la région de Halle, un lieu dit Ostrau rappelle le slave ostrov, île. Non loin de Mansfeld, le village de Trebitz évoque le souvenir de dénominations très fréquentes dans la topographie slave. Celui du hameau de Mackeretz, d'une racine *mokr*, humide, représente une forme, *mokrica*, lieu humide, marécage.

Aux environs de Naumbourg, M. Jagic signale une localité appelée Wendisch Iena, opposée à une autre Deutsch Iena. A propos de ce nom d'Iena, il fait remarquer que ce nom a été souvent soupçonné d'être d'origine slave, mais que le slavisme n'a jamais pu être démontré. Nous relevons dans la région de Querfurt le village de Zorbau (Zurbewe) Czorbowes) qui rappelle le nom des Serbes disparus (comparez l'article Zerbst), celui du Wendenfeld (champ des Wendes), de Wolkau, Wolkowe, la louveterie, du mot volk, welk, le loup. Dans la région de Mersebourg, un étang appelé Mückernsche Teich rappelle le mot slave mokry (humide), que nous rencontrons ailleurs.

, Une déformation assez curieuse, c'est celle d'une localité appelée aujourd'hui Teutschenthal, ce qui semble vouloir dire la vallée des Allemands. Or, dans des documents du XIIe siècle, émanant de l'archevêché de Magdebourg, il est question de propriétaires qui possèdent des biens, chlavicojure, et des Slaves de Deusen. Il s'agit donc d'une localité slave appelée Deusen. Il est d'ailleurs difficile d'établir le sens exact du nom Deusen.

Je pourrais prolonger indéfiniment cette énumération. Le travail de M. Jagic porte sur une infinité de noms de hameaux ou de lieux dits, qui sont sans intérêt pour la géographie politique ou l'histoire générale. Si quelque érudit entreprend un jour un répertoire complet des noms topographiques allemands d'origine slave, il y trouvera de très précieux matériaux. En étudiant de près ces problèmes onomastiques, on comprend les sentiments qui animaient le poète slovaque Kollar, qui vécut à Iena de 1815 à 1819, et qui écrivait quelques années plus tard :

« De retour à Iena, je commençai à éprouver des sentiments inconnus jusqu'alors, des douleurs poignantes, comme celles qui nous saisissent dans les cimetières, mais bien autrement grandioses. C'étaient des sentiments sur la mort du peuple slave dans ces contrées, sur les tombeaux de nos chers ancêtres, des Slaves écrasés et détruits. Chaque localité, chaque village, chaque rivière, chaque montagne portant un nom slave me semblait un tombeau, un monument d'un gigantesque cimetière. Je voulais visiter et étudier toutes les communes qui portaient des noms slaves et rechercher si l'on n'y trouverait pas quelques traces de la nationalité primitive. »

Sous l'influence de ses recherches, Kollar écrivit une grande partie de son poème, *la Fille de Slava*. Je n'en rappellerai ici que quelques vers :

« Depuis l'Elbe perfide jusqu'aux flots dévorants de la Baltique, la voix harmonieuse des Slaves rententissait naguère. Elle est muette aujourd'hui ! Qui a commis cette injustice qui crie au ciel ? Qui a déshonoré dans un seul peuple toute l'humanité ? Rougis, jalouse Germanie, voisine de la Slavie ! Ce sont tes mains qui ont jadis commis cet attentat. Jamais ennemi n'a fait couler autant de sang que ta main en a versé pour détruire le Slave. Celui-là seul est digne de la liberté qui sait respecter la liberté d'autrui, celui qui met des esclaves aux fers est lui-même un esclave ; qu'il enchaîne les mains ou la langue, c'est tout un... Il ne sait pas respecter les droits des autres,.. »

Je me permets de renvoyer le lecteur curieux de connaître le poème de Kollar au chapitre XII de mon récent ouvrage, *Le panslavisme et l'intérêt français* (collection Flammarion).

Drawhen (Dravaina), est une région arrosée par la rivière Iesna (la claire rivière, aujourd'hui Jetzel). Son nom rappelle celui du peuple des Drevanes ou habitants des bois. Il se retrouve chez une population de la Russie primitive dans la chronique russe dite de Nestor (§ III de ma traduction) et le chroniqueur nous dit qu'il était ainsi nommé parce qu'il habitait au milieu des bois. La région appelée Drawehn s'étend le long de la rivière Iesna, entre deux localités dont l'une s'appelle Luchov, l'autre Uelzen. Luchov, c'est la ville des prairies, Uelzen, vient du slave Olchina. Olcha est le nom slave de l'aune.

Dresde (allemand Dresden). La forme allemande est un pluriel et ce pluriel est l'interprétation exacte de la forme slave à laquelle il a succédé. Dresde, comme on sait, est situé sur l'Elbe. Or nous avons en slave un mot drenzga, qui se retrouve dans toutes les langues slaves avec le sens de forêt, ramilles, broutilles. Dresde est situé dans une anse de l'Elbe. Les flottages de bois venus des monts de Bohême laissaient sur le rivage des débris auxquels la future cité a dû son nom. Sur le substantif les Serbes ont fait un adjectif pluriel qui subsiste encore dans leur langue et dans celle de leurs voisins, les Tchèques (Drajdany). Cette éty-mologie, qui surprendra peut-être plus d'un lecteur, est attestée par le philologue allemand Berneker, dans *Diction-naire étymologique des langues slaves*, publié à Heidelberg en 1913. Le même auteur cite encore comme se rattachant à la même étymologie, un village de Dreischnitz, auprès de

Spremberg, sur la ligne de Berlin à Gorlitz. Le *Conversations lexicon* (édition de 1902), n'ignore pas l'origine slave des Dresde ; mais il présente une fausse interprétation (habitants des marécages).

Eger — autrefois Egra — ville de la Bohême allemande, à la frontière de la Bavière. Cette ville, aujourd'hui absolument germanisée, porte en tchèque un autre nom, Cheb, qui rappelle, sans doute une tribu disparue. On a essayé de l'expliquer dans des travaux qui me sont aujourd'hui inaccessibles. Quoi qu'il en soit, le nom d'Eger — malgré sa physionomie germanique et les souvenirs de Waldstein — est absolument slave. Ce nom est celui de la rivière sur laquelle la ville est située, rivière qui s'appelle en allemand Eger, en latin Egra. Egra est une transcription du slave Ohre. C'est ainsi que Gora a donné Gera, que le scandinave Helge a donné en russe Oleg, Helga, Olga. La racine hre désigne en slave l'idée de chaleur. Cette rivière passe dans la région des eaux chaudes (comparez l'article Teplitz), et c'est à cette circonstance qu'elle a dû sa dénomination.

Gera, située à 139 mètres d'altitude, représente le mot panslavegora, la montagne. L'O slave répond a un E dans les langues germaniques et scandinaves. La rivière Ohre devient Egra (voyez l'article Eger). En ancien russe Oleg représente une forme norse Elgi, Olga, une forme norse Helga.

Glatz, ville de Silésie. Glatz — qui se prononce Klotz — est une abréviation de la forme slave Kladske. Ce nom, qui désigne probablement un entrepôt, est identique à celui de la ville tchèque de Kladno, de la ville serbe de Kladovo. La ville est située sur la rive gauche de la rivière Nisa, que les Allemands appellent la Neisse. Le nom de cette localité se rattache à une racine, klad, qui veut dire déposer. Le nom de cette ville, comme celui d'autres cités allemandes, se retrouve dans celui de certains de nos compatriotes sous la forme de Klotz et Glotz.

Glogau (en polonais Glogow, en tchèque Hlohove), ville de la Silésie. Son nom vient du mot glog, qui désigne le houx. La traduction exacte en français serait la Houssaye. Elle a été germanisée de bonne heure, mais le nom slave a persisté.

Gœrlitz, Gorlitz, ville de Silésie. Elle s'appelle en tchèque Zhorelice et en serbe de Lusace Zhorielce (d'un verbe, gorieti, horieti, brûler). Sous cette forme slave son nom fait allusion à un incendie qui détruisit le bourg primitif Drevnov (le village de bois). Elle fut germanisée aux XIIIe et XIVe siècles ; mais elle a gardé quand même le nom slave que lui avait valu l'incendie.

Gotha. Ce nom représente une ancienne forme Chut, et est probablement apparenté à celui de la ville prussienne de Schkeuditz, aux environs de Mersebourg. Primitivement Chudice, les fils de la tribu de Chud. Chud est une épithète devenue un nom, qui caractérisait primitivement un personnage misérable ou maigre.

Grenze. Ce mot allemand qui veut dire frontière, est emprunté au polonais granica. Il apparaît sous la première fois sous la forme grenice, granice, dans la langue des chevaliers de l'ordre teutonique. C'est Luther qui l'a définitivement naturalisé dans le vocabulaire allemand.

Grad, Gorod, Gard, Hrad. Ce mot slave désigne primitivement un lieu fortifié. Tous les noms où se rencontre l'un de ces éléments sont d'origine slave. Notons sur le teritoire de la Prusse actuelle Stargard, à l'est de Stettin. Ce nom veut dire exactement le vieux château, par suite la vieille ville. Un autre Stargardt, naguère appelé Preussisch Star-gardt, était, au XIIe siècle, l'une des villes importantes de la Poméranie, province slave comme on l'a expliqué plus haut. Un troisième Stargard, appelé en allemand Stargard sous le tilleul (unter der Linde), se rencontre dans le Mecklen-bourg Strelitz. La ville est surmontée d'un ancien château, naguère résidence des princes obotrites. Enfin Stargard était la capitale des Wagriens, dans la région d'Oldenbourg, qui fait partie du Holstein actuel. Les Allemands y établirent en 952 un évêché qui fut un puissant instrument de germa-nisation. L'élément grad se retrouve encore dans celui de la ville autrichienne de Gratz, naguère fondée par les Slovènes et d'un certain nombre de mots composés dont le second élément est Gratz, par exemple dans celui de la ville qui s'appelle en tchèque Hradec Kralové, et en allemand Kœnigratz. Cette forme hybride, que l'histoire a popula-risée, est absolument impropre, la ville étant purement tchèque. La capitale de la Styrie s'écrit Graz. Les formes en Grod sont des formes polonaises.

Gützkow, en Prusse, représente probablement un ancien Gockovo, dont il est question dans les historiens d'Otto de Bamberg. Je ne vois pas quel est le sens précis de ce mot.

Lebus, ville située sur l'Oder, au nord de Francfort, rappelle le nom de Leubizia, mentionné par Helmold (I, 3). C'était une tribu slave.

Lübeck trahit encore aujourd'hi son origine slave par la première syllabe de son nom. Il repose sur une racine, *lub*, qui veut dire aimable et qui se retrouve dans le nom d'un grand nombre de villes slaves, Luben et Lublin, en Pologne, Lublania (Laybach) chez les Slovènes, Lubny en Russie, etc. Cette ville s'est développée sur l'emplacement d'une ancienne forteresse qui s'appelait Bukov (la hêtraie). Pour attester le slavisme primitif de cette cité, il suffit de rappeler le texte de Helmold dans le prologue de sa chronique : « Lubecensium inclyta civitas inter omnes Sclavorum opulentissimas civitates... tam rerum opulentia quam religione divina, etc. » C'était une cité très commerçante et un des premiers sanctuaires religieux.

Iena (forme ancienne Iana). Je ne trouve pas d'interprétation slave pour ce nom qui, assurément, n'est pas germanique. Ce qu'il y a de certain, c'est que la plupart des noms de localités qui l'entourent trahissent une origine slave. Kollar, dans les commentaires de son poème, *La fille de Slava*, en a relevé quelques-unes sur les deux rives de la Saale. Je ne mentionne que ceux dont l'origine slave est absolument évidente : Gospeda, Czernovitz, Frobotz, dans lequel il reconnaît une ancienne forme Vrbice (les saules) et, comme il a beaucoup lu, il invoque le témoignage d'un Allemand fort oublié aujourd'hui, Jacob Fischer, qui a publié en 1697, à Wittenberg, une dissertation, *De origine, jure, ac utilitate linguæ slavonicæ*, où on lit, au § 6 : Slavica nomina pagorum, oppidorem et civitatum in Misnicis terris sunt (dans la Misnie ou pays de Meissen), Zwikov (Zwickau), Glauchov, Luccov, Zvenkov, Missin (Meissen), Mogelin (Mügeln), Dalen, Lusin (Lützen, l'ancien champ de bataille), Coletiz ,Deliz, Oschiz, Grocz, Grunas, Buchin, Zscheisla, etc... Toute cette énumération revient à dire qu'une grande partie de l'ex Saxe royale était naguère occupée par les Slaves.

Lusace (allemand Lausitz, slave Luzica, prononcez Loujitsa). Ce nom vient du mot lug, prairie, terrain marécageux. Ce vocable existe à peu près dans toutes les langues slaves. Il se retrouve dans le nom de certaines localités, notamment en Bohême et en Russie (Louga, près de Petrograd, Kalouga, etc.).

Leipzig. Cette ville, aujourd'hui très allemande, s'appelle en serbe de Lusace Lipsk, en tchèque Lipsko. Son nom, expliqué plus haut, vient du mot lipa, qui désigne le tilleul. Il a fourni en Allemagne et en Autriche — sans parler de la Bohême restée en grande partie slave — un grand nombre de noms de lieux sous la forme Lipa ou Leipa. Il se retrouve en Bohême dans le nom du village de Lipany, célèbre par une bataille de la période hussite. Il se rencontre dans un grand nombre de noms de familles polonaises des Lipski, des Lipinski, des Lipanski et de localités, notamment en Bohême et en Moravie. Nous le rencontrons dans le nom du célèbre philosophe allemand Leibnitz, né précisément à Leipzig. Leibnitz est d'ailleurs la forme allemande d'un bourg appelé Lipnica (prononcez Lipnitsa) en slovène. Ce bourg est en Styrie, dans un pays en grande partie germanisé. En 1900, d'après M. Niederle, *La race slave*, édition française, p. 141, on avait compté en Styrie 643.194 Allemands contre 363.750 Slovènes ; en 1900, 902.343 Allemands contre 409.520 Slovènes.

A propos de Leibnitz, remarquons qu'il a été l'un des premiers à s'intéresser à la langue des Slaves disparus dans sa *Collectanea etymologica* (Hanovre, 1706). Ce travail a été réimprimé dans les *Opera omnia* (Genève, 1768, tome II). Il est intitulé : De lingua Vinidorum Luneburgensium ex epistola Georg. Fridi Mithofii, data Luchoviæ, 17 Maii 1691. Avant la guerre, l'Union internationale des Académies avait entrepris une édition complète de ses œuvres, qui est restée en suspens. Sera-t-elle jamais reprise ?

Luchov. Cette ville appelée en latin Luchovna se rattache évidemment au mot lug, prairie, marécage, que nous retrouvons dans l'étymologie de la Lusace (voy. plus haut).

Mecklenbourg. L'ancienne forme germanique de ce nom est Mikilenburg. Mikil représente une forme moderne, peu usitée, qui veut dire grand, *meckel.* C'est donc primitivement le grand bourg, la grande forteresse. Ce mot composé — ainsi qu'il a été démontré dans l'*Archiv fur Slavische Philologie* (tome V, p. 167) n'est que la traduction d'une forme slave qui aurait été Viligrad ou Velihrad, ce qui a précisément le même sens dans les langues slaves. C'était la grande forteresse. La forme latine était Magnopolis. Au témoignage de Helmold et d'Adam de Brême, la région était uniquement occupée par des Slaves : au sud-ouest les Obotrites, les Polabes, dont la forteresse principale s'appelait Ratibor, le long de la mer les Obotrites, chez lesquels s'élevait le forteresse de Veligrad, appelée plus tard Miklenbourg (c'est encore aujourd'hui le nom d'un village entre Vismar et le lac de Schverin) ; à l'Orient étaient les Lutices, etc. Les différentes tribus slaves, dont j'abrège ici la liste, avaient fort à faire pour lutter contre leurs ennemis communs, les Francs et les Saxons. Ils se battaient aussi les uns contre les autres et ces luttes anarchiques facilitèrent singulièrement la germanisation.

Oldenbourg, représente une ancienne forme, Aldinburg, mentionnée par Adam de Brême : civitas magna Slavorum qui Waigri dicuntur. C'est l'ancienne capitale des Wagriens. Le nom slave était probablement Stargard (le vieux château), que nous retrouvons dans la Poméranie. Au temps d'Adam de Brême (xie siècle), c'était déjà une cité peuplée de chrétiens, c'est-à-dire en grande partie germanisée. Les Wagriens avaient pour extrême limite à l'ouest la région de Kiel.

Il y a encore dans le nord de la région une ville qui a

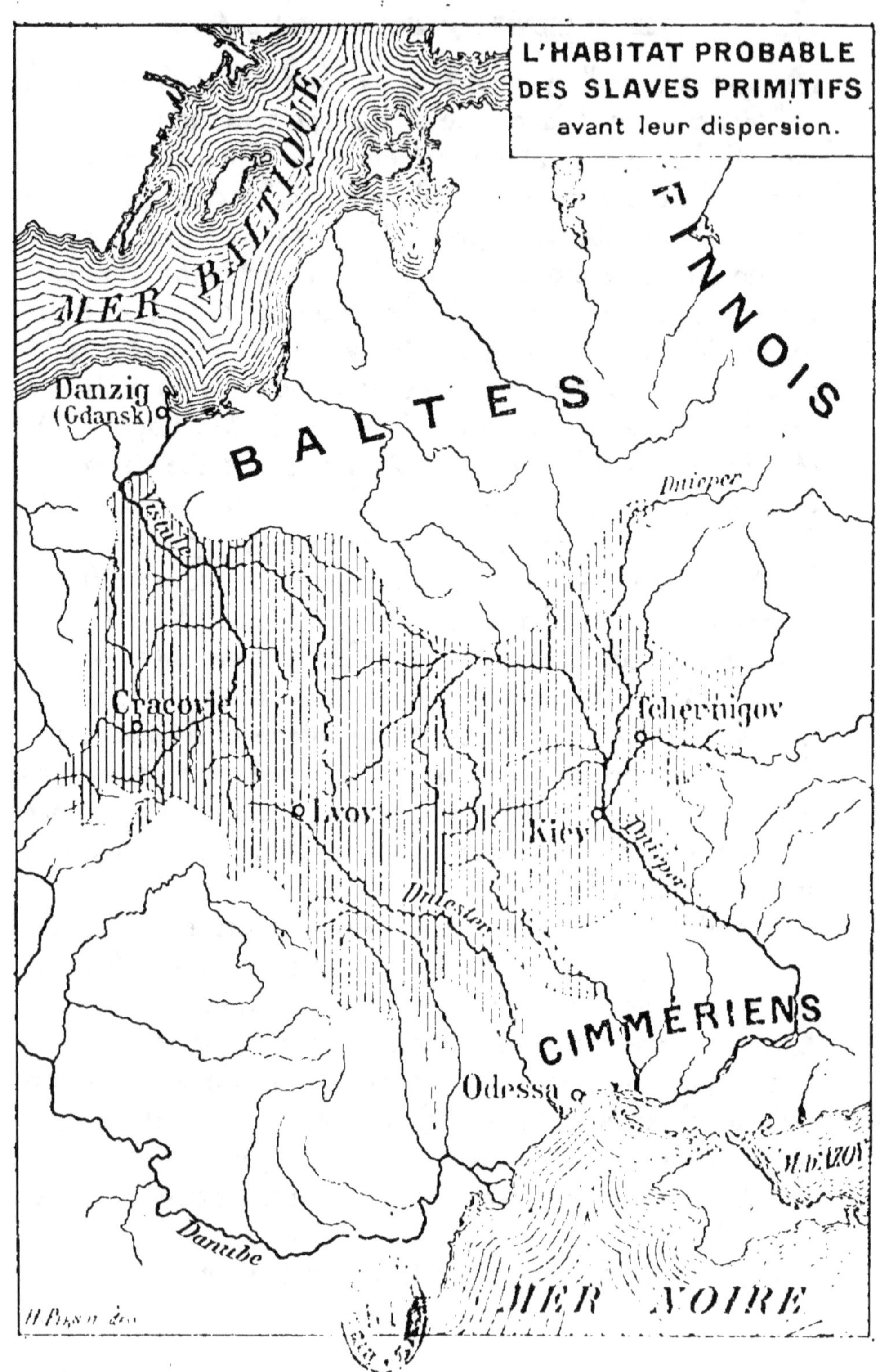

L'HABITAT PROBABLE
DES SLAVES PRIMITIFS
avant leur dispersion.
MER BALTIQUE
FINNOIS
BALTES
CIMMÉRIENS
MER NOIRE
Danzig
(Gdansk)
Cracovie
Lvov
Kiev
Tchernigov
Odessa
Dnieper
Dnieper
Dniester
Vistule
Danube
M. D'AZOV

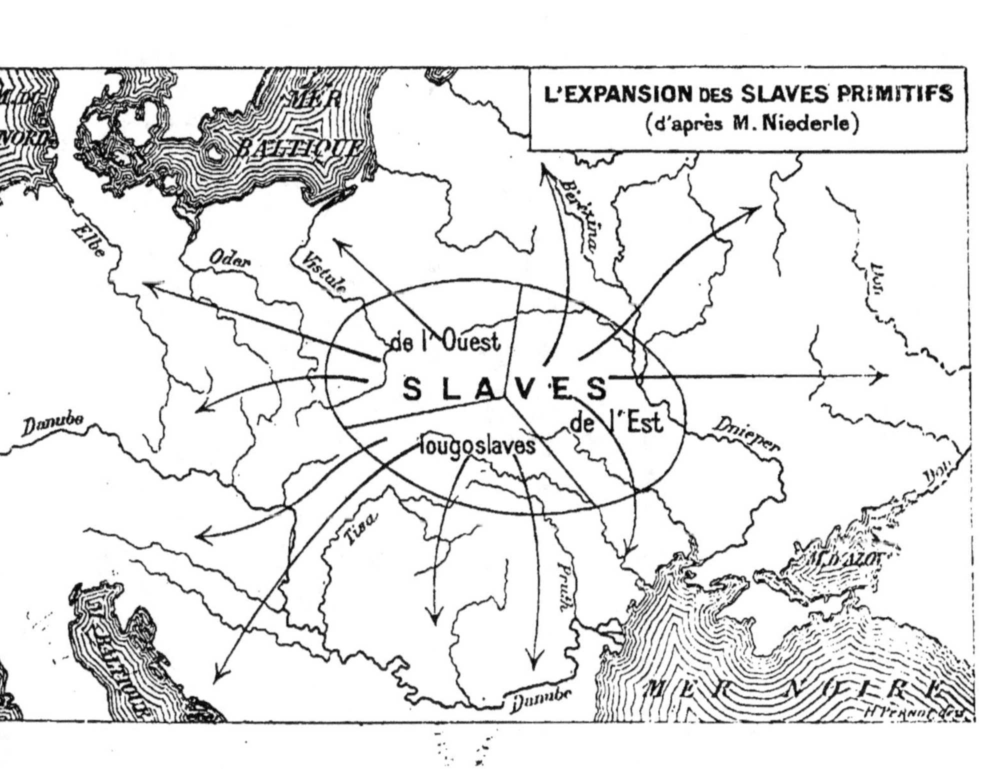

L'EXPANSION DES SLAVES PRIMITIFS
(d'après M. Niederle)
MER NORD
MER BALTIQUE
Elbe
Oder
Vistule
Bérésina
Don
de l'Ouest
SLAVES
de l'Est
Danube
Dnieper
Iougoslaves
Tisa
Prut
Don
M. d'azov
Danube
MER NOIRE

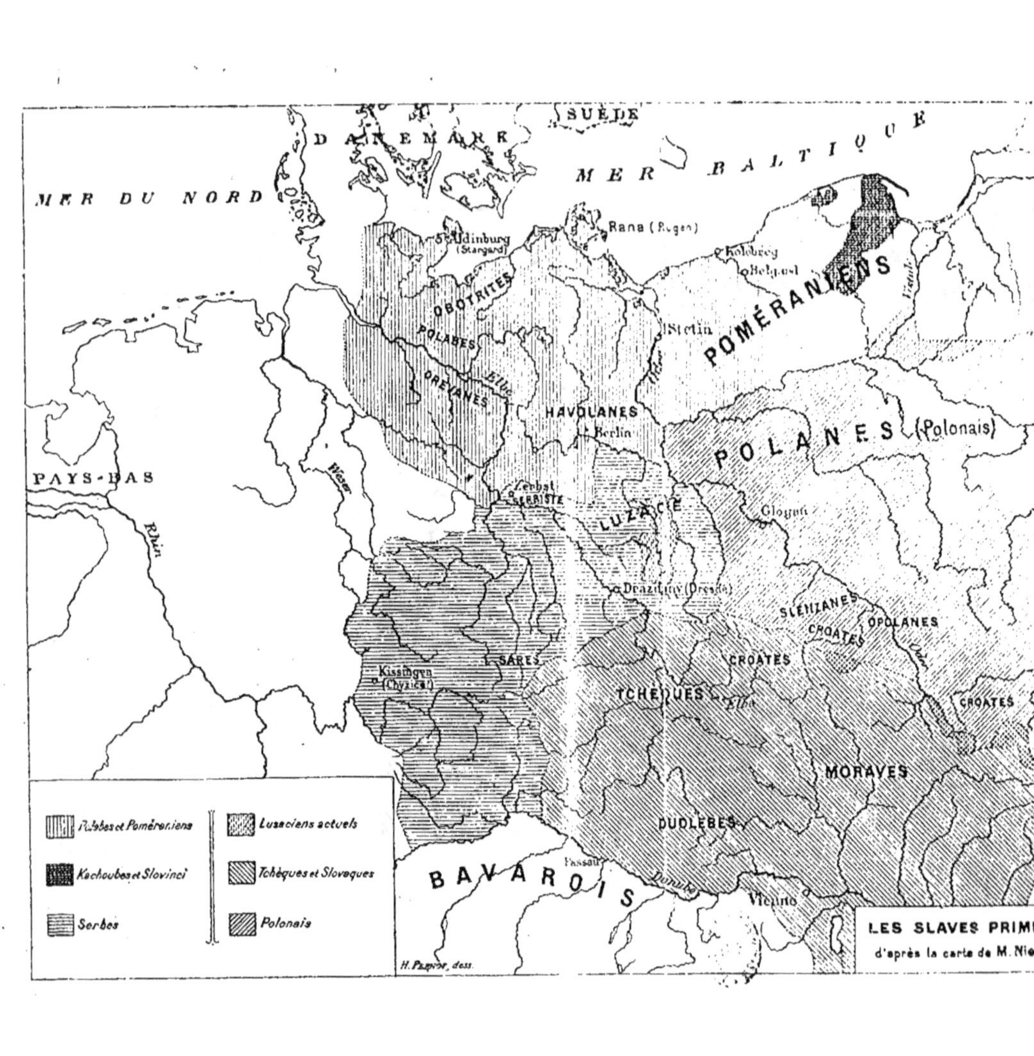
MER DU NORD
SUÈDE
MER BALTIQUE
DANEMARK
PAYS-BAS
BAVAROIS
Rana (Rügen)
Stargard
St Udinburg
OBOTRITES
POLABES
DREVANES
Elbe
HAVOLANES
Berlin
Zerbst
SERBISTE
LUZACIE
Kissingen
(Chyzici)
SARES
Drazdiny (Dresde)
Kolobreg
Belgard
Stetin
POMÉRANIENS
POLANES (Polonais)
Glogau
SLÉNZANES
CROATES
OPOLANES
CROATES
TCHÈQUES
Elbe
Oder
CROATES
MORAVES
DUDLEBES
Passau
Danube
Vienne
Rhin
Weser
Odra
LES SLAVES PRIMI...
d'après la carte de M. Nied...
H. Pignot, dess.
Rulabes et Poméraniens
Kachoubes et Slovinci
Serbes
Luzaciens actuels
Tchèques et Slovaques
Polonais

gardé un nom franchement slave ; c'est celle de Vorel, au sud de Wilhelmshafen. Son nom qui rappelle celui de la ville russe d'Orel, en Russie, et d'un village homonyme en pays tchèque, veut dire *l'aigle* ; il fait sans doute allusion à quelque légende relative à la fondation.

Prenzlau, ville de la province de Brandebourg. La terminaison en zlau (égale *slav*) suffit à indiquer une origine slave. Kollar suppose Pribyslava, d'autres Premyslav, Branislava, Bretislava. La forme Branislav ou Branislava me paraît la plus vraisemblable. Mais nous sommes réduits à des hypothèses.

Poméranie, en allemand Pommern. Cette province est une des rares régions de l'Allemagne qui, avec la Lusace et le Pustertal ait gardé la forme slave primitive. Le mot se compose de deux éléments : *Po*, le long de, *more*, la mer. La traduction exacte serait le littoral. Cette région a été slave jusqu'au XIIe siècle. A cette époque elle a commencé à se germaniser, en se convertissant au christianisme sous l'influence d'Otto de Bamberg et des missionnaires ses compagnons. Le slavisme persiste jusqu'au XVIIe siècle dans les noms de ses princes, parmi lesquels nous relevons des Vratislav (il n'y en a pas moins de onze), des Kazimir au nombre de neuf, des Boguslav au nombre de quatorze. Ce fut un Boguslav, mort en 1637, qui légua ses états à la Suède, qui devait finir par les abandonner à la Prusse. La Poméranie compte encore un certain nombre de villes portant des noms slaves et quelques milliers de Polonais ou de Kachoubes, derniers représentants des Slaves baltiques disparus.

Rantzau. Il est assez piquant de rencontrer ici le nom d'un homme qui fut maréchal de France, et dont la valeur dépensée au service de nos armes est restée légendaire. On connaît son épitaphe :

Du corps du grand Rantzau tu n'as qu'une des parts.
L'autre moitié resta dans les plaines de Mars.

Rantzau, qui mourut gouverneur de Dunkerque, était un de ces nombreux Allemands qui, au XVIIᵉ siècle, et plus tard, se mirent au service de nos armées. Cet Allemand était, sans le savoir, d'origine slave. Il devait son nom à une localité du Holstein, appelée naguère en slave Rondichevo ou Rondichov. Cette forme exotique avait été germanisée sous la forme Rantzau.

Rostock, ville du Mecklenbourg Schwerin. Le c est dû ici à une habitude vicieuse de l'orthographe allemande. Ce nom se rencontre dans six localités de la Bohême. Pour l'une d'entre elles et a été défigurée sous la forme Rongstock. Ce nom se compose de deux éléments. Un préfixe roz, qui exprime l'idée d'élargissement ou de dispersion et une racine tok, qui exprime l'idée de couler. La traduction exacte du mot serait estuaire ou delta. Au XIIᵉ siècle, le château de Roztok fut détruit par les Danois. Il fut restauré en 1170 par le prince Pribyslav. A partir du XIIIᵉ siècle s'éleva une ville nouvelle qui fut peuplée par les Allemands et devint une cité des plus prospères, grâce à sa situation sur le fleuve Warna, qui est accessible aux bâtiments venant de la mer.

Stargard (la vieille ville ou le vieux château). On suppose que ce nom était celui de la ville que les Allemands ont appelée Aldinburg et qui est aujourd'hui Oldenbourg. Ce nom, sous la forme Stargrod, Starigroda, se retrouve au moyen-âge dans celui d'une ville de Poméranie.

Torgau, ville de Prusse située sur l'Elbe, qui fut naguère le grand fleuve slave, celui que le poète Kollar appelle cet Elbe infidèle, qui s'en va couler chez les Allemands. Ce nom se rattache à une racine panslave terg, qui désigne l'idée de commerce et qui a donné un très grand nombre de noms de localités, par exemple Torjok en russe, en petit russe Torhovitcz, d'où les Polonais ont fait Targowica. Cette localité fait partie du gouvernement de Kiev et n'est pas, que je sache, revendiquée par la nouvelle Pologne. Torgau est aujourd'hui germanisée, mais n'a pas renoncé à son nom slave, qui rappelle son ancien rôle commercial. Les mots thr, trg, targ, désignent chez les Tchèques et les Iougoslaves des places de marché.

Troppau, ville de la Silésie autrichienne, s'appelle en tchèque Opava, parce qu'elle est située sur la rivière du même nom. L'Opava s'appelle en allemand Oppa et Opau, d'où le nom de la ville située sur l'Opau (an der Opau). Un dixième environ de la population appartient aux nationalités tchèques et polonaise. Il y eut une école tchèque dans cette ville jusqu'à l'année 1608, pendant laquelle elle fut fermée à l'instigation des jésuites.

Taus, ville de Bohême à la frontière de la Bavière, en venant de Nuremberg. Elle s'appelle en tchèque Domajlice. Taus représente une forme slave primitive, Tuhost (endroit fortifié) d'où l'on a fait Taugst, Taust, Taus. La ville actuelle de Domazlice porte encore dans ses armes une porte de forteresse surmontée d'un ange.

Teplitz. La partie de la Bohême considérée comme allemande a gardé beaucoup plus qu'on ne l'imagine l'onomastique slave. L'une des deux rivières qui arrosent Karlsbad s'appelle encore la Tepla (la chaude) et le nom est le synonyme exact de celui de l'Eger, que nous avons expliqué plus haut. Tepla (comparez le latin tepidus), nous explique clairement le nom de la ville de Teplice, que les Allemands appellent Teplitz. Cette station thermale ne comptait vers 1900 que 1.548 Tchèques sur 24.000 habitants. Le nom de Teplice est encore porté par un certain nombre de localités moins importantes. Je signale seulement en pays slovaque celle qu'on appelle Trencianske Teplice dans le département de Trenczin, dont la population est en grande partie slovaque. L'élément radical *tep* se retrouve sous la forme *top* dans le nom du village croate de Topouchko, que l'on appelle le Gastein iougoslave.

Teschen. Cette ville était récemment disputée par les Tchèques qui l'appellent Tiesin (prononcez Tieschin) et par les Polonais, qui l'appellent Cieszyn (prononcez Tsiechin). La forme primitive me paraît être Tiesin, que je vois figurer sous cet aspect (avec l'orthographe Tesschen et Tyessin) dans deux textes des *Fontes rerum bohemicarum*, tome III, Prague, 1882, pp. 233, 478. Dans une chronique rimée allemande du XIVe siècle, la ville figure sous la forme Tesschin. Dans la chronique latine de Neplach, elle se rencontre sous la forme Tyessin. La forme tchèque paraît donc être la forme primitive. Le nom Tiessin (d'une racine tiech : divertir) semble avoir désigné primitivement une villa de plaisance.

Weistirtz, nom de rivières et de localités très fréquent dans les régions habitées primitivement par les Slaves. Il représente une forme primitive, Bystra ou Bystrica (prononcez Bystritsa). L'adjectif *bystr* désigne une eau rapide. Les dérivés de cette racine se rencontrent essentiellement dans les régions des monts de Bohême ou des Carpathes. On ne les retrouve pas — naturellement — dans les plaines de la Pologne ou de la Russie. En Russie les régions montagneuses (Crimée, Caucase) étaient primitivement habitées par des allogènes et leur toponomastique ne comporte pas de noms slaves. En revanche, nous trouvons une douzaine de cours d'eau dont les noms commencent par l'élément bystr, ou sa déformation en Bohême ,en Moravie, en Hongrie Ce sont :

1º Un village tchèque appelé Bystrice en Bohême, sur un ruisseau appelé la Bystra. Ce village que nous prenons comme type linguistique est en pays tchèque.

2º Un village dans la Bohême allemande, que les indigènes appellent Weisteritz.

3º Un village appelé Bystrec.

4º Un village appelé Wistretz.

5º Bystrice, en pays tchèque.

6º Bystrice, sur la rivière appelée en allemand Angel, en tchèque Uhlava, en pays tchèque. Cette fois le nom de la localité est indépendant de celui du cours d'eau.

7º Nova Bystrice, en allemand Neu Bystritz sur la frontière de la Basse Autriche, auprès d'une rivière appelée la Bystritz.

8º Bystrice, village tchèque en Moravie.

9º Bystrice, près Perstyn, bourg situé près d'un ruisseau appelé cette fois la Rika (la rivière), mais dont les eaux sont évidemment très rapides. Ce bourg est de population tchèque.

10º Bystrice, près de Hostyn, en Moravie, sur le ruisseau appelé Bystricz. Population tchèque.

11º Bystrice Velka, Gross Bistrzitz, bourg tchèque en Moravie, sur un ruisseau du même nom.

12º Bystrice Mala ou Bystriczka (cette forme est un diminutif (Mala veut dire petite). Population tchèque.

13º Bystrice Velka, Gross Wisternitz, aux environs d'Olomouce (Ollmutz), sur la rivière Bystrice, en Moravie. Population tchèque.

14º Bystrzyca, al. Biestritz, en Silésie autrichienne, dans

la région de Tiechin (Teschen). Le groupe rz et l'a final indiquent l'influence polonaise dans la région.

15° Bistricia (ceci est une forme roumaine), en magyar Beztercze, en Transylvanie, dans une région mixte habitée par des Allemands, des Roumains et des Magyars, où les Slaves ne présentent plus qu'un infime minorité. Mais ce sont leurs ancêtres qui ont dénommé le cours d'eau.

16° Bystrice Banska, en magyar Bestercze Banya — Banya veut dire mine en magyar. Dans les langues slaves ce mot désigne des eaux thermales et des bains de vapeur.

17° Bystrica Povazna, en magyar Vag Bestercza, ville située sur le Vag, dans une région essentiellement slovaque, soumise naguère aux influences tchèques. L'église renferme une tombe du XVIe siècle, qui porte une inscription en langue tchèque.

On retrouve l'élément bystr un peu plus modifié dans un nom où tout d'abord on ne s'attendait pas à le rencontrer. C'est celui du Pusterthal (en slave, bystra dolina). Le Puster-thal, c'est le nom qu'on donne à la vallée encaissée où coule la Drave qui, des montagnes du Tyrol, court rapidement vers le Danube, après avoir traversé les pays slovènes et croates. Il n'est pas étonnant qu'elle combine dans son nom un élément slave et un élément germanique. Les noms hybrides ou bilingues se rencontrent fréquemment dans la toponomastique des anciens pays autrichiens, témoins les villes de Kœniggratz, Münchengratz, dont la première partie représente un mot allemand et la seconde un mot slave.

Wendland (pop. de Vendes ou Venetes, autrement dit de Slaves). On appelle ainsi en Allemagne les régions de Lüchov et de Dannenberg, dans le cercle de Lunebourg. Les habitants sont considérés comme les descendants directs des Slaves assimilés. La langue slave y a persisté jusqu'au XVIIe siècle. Elle subsiste dans les noms d'un grand nombre de localités, et la forme circulaire des villages rappelle leur origine primitive.

Le Mecklenbourg a tellement conscience de ces origines, qu'un ordre de chevalerie fondé en 1864 s'appelle l'ordre de la couronne des Wendes. Je ne crois pas d'ailleurs qu'il ait jamais été conféré à un Slave de distinction, auteur de recherches sur les Slaves primitifs.

Wustrow, station de bains de mer sur le littoral du Mecklenbourg-Schwerin. C'est le mot slave Ostrov qui veut dire île.

Zeitz, ville prussienne dans la province de Mersebourg (voy. ce nom). Cette ville, qui s'appelle en tchèque Zicice (prononcez Jitchitsé), rappelle le nom de l'ancienne tribu des Zitici, appelés aussi Zitici, Citizi, Zitrici, auxquels appartenait le château de Zurbici (voy. l'article Zerbst). Un évêché y fut fondé, en l'an 968, par l'empereur Otto II. Il avait naturellement pour objet la conversion des Slaves qui résistèrent et s'emparèrent même de la ville au cours de l'année 982. En 1028, l'évêché fut transporté à Naumburg.

Zerbst, cette ville de l'ancien duché d'Anhalt est surtout connue parce que Catherine II, avant de monter sur le trône de Russie, portait le titre de princesse d'Anhalt Zerbst. Si la fameuse impératrice avait été plus versée dans l'histoire de son pays natal, elle aurait pu apprendre à ses nouveaux sujets russes qu'elle leur apportait une princesse d'origine slave. Zerbst s'appelait originairement Srbichtê (le pays des Serbes) ; il s'agit bien entendu des Serbes qui vivent encore aujourd'hui dans la Lusace, sur les frontières de la Prusse et de la Saxe. Le nom original se trouve pour la première fois sous la forme Zerbiste, dans un document émané de l'empereur Henri II (1103). Dans un document antérieur dû à l'empereur Otton et daté de 949, la localité est appelée Cierviste. La terminaison en *ichte* désigne dans les langues slaves un endroit où l'on réside, où un certain acte se répète habituellement.

Le nom de ces Serbes est à peu près aussi ancien que celui de leurs congénères du Danube. Il apparaît pour la première fois en 630. A cette date il est question dans Frédégaire d'un certain Dervan, qu'il appelle dux ex gente Surbiorum. Plus tard, en 806, la chronique de Moissac mentionne un certain Melil, rex superbus, qui regnabat in Siurbis.

La langue de ces Serbes présente un groupe intermédiaire entre le tchèque, le polonais et le polabe. L'idiome qui lui a succédé et qui est parlé chez les Serbes de Lusace — malgré le petit nombre de ceux-ci — constitue deux dialectes indépendants : le haut lusacien, plus voisin du tchèque, le bas lusacien, plus voisin du polonais.

Sur la carte si consciencieusement dressée par M. Niederlé qui indique non seulement l'espace occupé par les Slaves disparus, mais encore la densité probable de la population, le territoire occupé par les Serbes disparus est borné à l'ouest par les villes aujourd'hui allemandes de Nordhausen, Eisenaach, Fulda, Wurzbourg, Anspach, Donauwerth, au sud par celles de Donauwerth, Ingolstadt, Rezno (aujourd'hui Regensbourg) ; à l'est par les monts de Bohême et les cours de la Bobra, affluent de l'Oder. Ce nom de Bobra est identique à celui de notre Bièvre ; c'est la rivière aux castors. Au confluent de la rivière Gwizda, dans la Bobra, se rencontre la région de Zahan ou Sagan.

Le centre principal de ces Serbes était le bassin de la Sale, notamment la région comprise entre cette rivière et son affluent, la Milda. Sous l'année 782, Eginhard raconte que la Thuringe fut envahie par les Sorabes, qui *campos inter Albim* (l'Elbe) *et Salam incolunt*. En 789 il mentionne les Serbes comme alliés de Charlemagne, avec les Obotrites contre les Vélètes. Charlemagne a pour adversaire le roi Miliduch, *rex superbus qui regnabat in Siurbis*, dit la chronique de Moissac sous l'année 806 ; après la défaite des Sorabes, Charlemagne établit pour les contenir deux forteresses, l'une à Magdebourg, sur l'Elbe, l'autre sur la Sale, à Halle. En 816, d'après Eginhard, nouvelle expédi- tion *in Sorabos Sclavos qui dicto audientes non erant*. En 822, une diète se tient à Francfort. On y voit figurer les représen- tants des Obotrites, de Wiltses, des Tchèques et des Mo- raves. Notons en passant que la forme Sorabi s'applique parfois aux *Srbi*, ou Serbes du Danube, et que dans certains cas il faut se défier des confusions. Quand un texte dit *ad Sorabos quæ natio magnam Dalmatiæ partem optinere dicitur*, il ne peut y avoir de confusion *(Annales regni Franc.*, année 822).

Les formes sous lesquelles se rencontrent les noms de ces Serbes dans les textes latins du VIIe au IXe siècle, sont très différentes. On lit successivement Sirbi, Suurbi, Siurbi, Siurbii. Puis ces formes se précisent sous l'aspect Surabi, Sorabi, chez Eginhard, Adam de Brême, Helmold. Puis le nom se défigure en Sarova, Zribis, Zurba.

Au XIIIe siècle on rencontre en Thuringe une colonie serbe appelée Zurbove, dont le nom a survécu en allemand sous la forme Zurbau. Dans la région de Mersebourg, nous rencontrons une ville de Zarbig, qui se rattache évidemment au nom des Serbes, et un Klein Zerbst, dont le nom n'a plus besoin d'explication. Bernecker signale aux environs de Saalfeld les ruines d'un château de Sorbenburg, bâti d'après la tradition par Charlemagne pour maintenir en respect les Sorabes.

Nous abandonnons cette esquisse au moment où la conversion des Slaves au christianisme les introduit dans la famille des États civilisés. Evidemment cette conversion fut un bienfait pour la race. Malheureusement elle s'opéra par deux voies différentes. Rome et Constantinople, c'est-à-dire le latinisme et l'hellénisme byzantin, se partagèrent dans des proportions inégales les nouveaux convertis et le schisme religieux qui se produisit dès les origines contribua certainement à perpétuer dans la race cet esprit d'anarchie que j'ai signalé comme l'un de ses traits caractéristiques. D'autre part la docilité des Slaves aux enseignements et souvent aux intrigues de l'étranger, leur xénomanie, comme disait au XVIIe siècle leur compatriote le Croate Krijanitch, exerça une influence fâcheuse sur leurs langues, sur leurs mœurs et les soumit à des tendances divergentes.

L'unité primitive de la race se trouva brisée ; elle s'étendit de façon fort inégale d'un côté vers l'Océan glacial et l'Oural, de l'autre vers l'Adriatique et la Méditerranée. Elle se laissa pénétrer d'éléments allogènes qui lui ôtèrent le sentiment de son unité morale et de ses intérêts ethniques. Elle se laissa exploiter, détruire ou assimiler par cette race germanique dont un roi de Bohême signalait dès le XIIIe siècle les insatiables appétits « *insatiabiles Teutonicorum hiatus* ». Si le christianisme sous la forme romaine ou byzantine avait pu pénétrer l'ensemble de la race, elle eût peut-être su garder son unité, la défendre contre les Germains, les Turcs et les Tatares et son existence intégrale eût probablement été une garantie d'ordre et de paix, non seulement pour l'Europe, mais pour l'humanité tout entière.

Le portrait que nous offrent des Slaves leurs voisins, c'est-à-dire leurs ennemis et leurs futurs conquérants, nous les présente en somme comme une race respectueuse de la femme, pacifique et dépourvue de ces ambitions malsaines qui caractérisent la race germanique. Leur grande misère, c'est l'esprit d'anarchie. Souhaitons qu'ils réussissent à s'en guérir. Pour lutter contre les ambitions dangereuses du monde germanique nous avons tout intérêt à nous appuyer sur une Slavie régénérée.

LES IDOLES APOCRYPHES DU MUSÉE
DE NEU STRELITZ

Le Musée de Neu Strelitz, dans le Mecklenbourg, conserve une collection de prétendues antiquités obotrites, parmi lesquelles figure une collection d'idoles absolument apocryphes, qui ont été naguère prises au sérieux par des érudits tels que Potocki, Lelewell, Kollar, chez les Slaves. Ces idoles semblaient accompagnées d'inscriptions en caractèques runiques et de ces inscriptions on tirait des conclusions en faveur de la civilisation slave dans les temps primitifs. Ces idoles avaient été trouvées au cours des années 1687-1697, dans le village de Prillwitz, par le pasteur Sponholz. Elles furent pour la première fois éditées et commentées par Daniel Woge et A. B. Masch, qui les reproduisirent dans l'ouvrage intitulé *Die gottesdienstlichen Alterthümer der Obotriten aus dem Tempel zu Rhetra*, Berlin, 1791. Elle furent ensuite étudiées et commentées dans l'ouvrage du comte Potocki, *Voyage dans quelques parties de la Basse-Saxe, pour la recherche des antiquités slaves ou vendes.* Le premier savant qui protesta contre leur authenticité, ce fut un Prussien, Lewezow, dans les *Mémoires* de l'Académie de Berlin (23 janvier et 24 juin 1834). Schafarik se joignit à lui dans la seconde partie de ses *Antiquités slaves* M. Jagic a définitivement exécuté ces pseudo-antiquités dans un mémoire publié par son *Archiv für Slavische Philologie*, tome II. L'auteur de la fraude ignorant la langue des Wendes du Mecklenbourg, sur laquelle on est suffisamment documenté, avait imaginé des inscriptions en lithuanien, en caractères runiques. Il ignorait que l'alphabet runique était complètement inconnu des peuples slaves. La supercherie était des plus grossières. On a été longtemps à s'en apercevoir et, dans des ouvrages récents, on a encore signalé les idoles de Prillvitz comme des monuments authentiques du paganisme slave.

ABBEVILLE. — IMPRIMERIE F. PAILLART.